Christine Guist,
Harry Assenmacher

Gewürz- & Kräuter-
Küche

© bioverlag, Am Eichwald 24, 64850 Schaafheim,

1. Auflage

Alle Rechte vorbehalten

Redaktion: *Christine Guist, Harry Assenmacher*

Gestaltung: *Susanne Vollmar-Weigel*

Zeichnungen: *Gerlinde Godelmann*

Druck: *Graphischer Großbetrieb Pößneck GmbH*

Wenn Sie in Westeuropa leben, sind Sie ein gläserner, bis ins letzte Detail erfasster Mensch. Sie werden 75 Jahre alt, davon verbringen Sie zwölf Jahre vor dem Fernseher, dreieinhalb mit Essen und zweieinhalb am Telefon. Oder auch nicht. So sind eben Statistiken. Statistisch nehmen Sie 1832,5 „Mahlzeiten" pro Jahr zu sich. Quantität. Wieviele davon nur so nebenbei, zwischen Tür und Angel, zwischen Termin und Auf dem Sprung? Wieviele mit Ruhe und Genuss? Qualität.

Oft liegt die Unachtsamkeit, mit der wir sämtliche Sinnes-Reize ignorieren, an uns. Aber so manches Mal ist das reiner Selbstschutz. Die deutsche Würz-Tradition ist kläglich, aber natürlich geschichtlich erklärbar und verständlich.

Doch das Leben ist zu kurz für einen schlechten Wein - und zuviel Salz, Pfeffer und "Universal-Würzmittel". Borretsch und Kurkuma, Gewürznelken, Kalmus und Kardamom, Sternanis, Weinraute und Ysop – soviele Möglichkeiten, Auge, Nase und Zunge Freude zu bereiten.

In all diesen Begriffen liegt Magie - fangen Sie an, damit zu zaubern!

P.S: Wir haben nur 2580-mal Sex ...oder auch nicht.

Die Welt der Gewürze

Hierzulande war für lange Zeit Weiß die Farbe des Gewürzes - Salz. Dann wurde sie Schwarz-Weiß, denn der Pfeffer kam ins Land. Und dann kam Braun dazu – Maggi, des Deutschen Lieblingsgewürz, wurde erfunden und zum Verkaufs-Schlager.

Kleine Randnotiz: Aus Liebstöckel, diesem schönen alten Gewürz, wurde sprachlich Maggi-Kraut. Und seitdem zucken Köche vor seiner Verwendung zurück...

Gier nach Macht und Lust auf Genuss zieht sich durch die menschliche Geschichte wie Ariadnes Faden durchs Labyrinth. Und all das ist eng mit der Historie der Gewürze verwoben.

Die ältesten Karawanenstraßen, auf denen Kamele mit Gewürzen und anderen Waren schwer beladen durch die unwirtlichsten Landschaften schaukelten, sind schätzungsweise 5000 Jahre alt. Sie verbanden den Vorderen und Mittleren Orient mit Indien und China und letztendlich führten die Wege auch nach Europa. Hier wurden die Gewürze dringend benötigt. Salz war in vielen Gegenden unerschwinglich teuer und gelagerte Lebensmittel waren ohne starke Würzung oft ungenießbar.

Es gab noch keine Möglichkeiten, verderbliche Nahrung wie beispielsweise Fleisch kühl zu lagern. Das unweigerlich einsetzende Zerfalls-Aroma bedurfte der Aufbesserung. Gewürze konnten das schaffen. Und noch viel mehr. Viele hatten auch eine fungizide und antiseptische Wirkung. Knoblauch oder Zimt beispielsweise schaffen es, gefährliche Keime zu töten und stehen dem Organismus im Kampf Gesundheit versus Infektionen stärkend zur Seite.

Phönizier, Araber und Römer, Genueser und Venezianer – sie alle profitierten von diesen wenig hygienischen Lebensbedingungen und der im Vergleich zum Süden und Osten viel stärkeren Eintönigkeit der Zutaten und bauten ihren Reichtum und Ruhm auf den Gewinnen aus dem Gewürzhandel auf.

Der Zusammenbruch des Römischen Reiches führte zu einer dramatischen Unterbrechung des Gewürzhandels. Kulinarisch fade Zeiten brachen an, von denen erst die Portugiesen West- und Mittel-Europa erlösten. Sie entdeckten den Seeweg nach Osten um das Kap der Guten Hoffnung und brachten uns Pfeffer, Nelken und Zimt - zwar immer noch teuer, aber erschwinglicher als vorher.

Sie blieben nicht lange allein. Holland, Frankreich und England wurden durch Portugals Initiative und dessen Erfolge motiviert, es dem iberischen Vorreiter gleichzutun. Der Kampf um die Seeherrschaft und um die wichtigsten Routen zu den Gewürzen entbrannte. Flink wechselten die Sieger ihre Positionen, jagten sich die Monopole ab und spielten sich diese wieder zu, solange, bis dieses verwirrende Spiel Spanien auf den Plan rief.

Als einzige Seefahrernation machte es sich auf den Weg nach Westen. Im guten Glauben, alle Wege führten nach Indien und im Rausch der Vorstellung, damit allen anderen ein Schnäppchen zu schlagen, landete Columbus in der „Neuen Welt" – Amerika.

Die alte Welt war überwältigt. Nicht allein durch die später erfolgende erste Weltumsegelung, sondern auch durch die neuen fast unbegrenzten kulinarischen Möglichkeiten: Tomaten, Mais, Kartoffeln, Paprika, Erdbeeren, wie wir sie heute kennen – die Küche wurde echt multi-kulturell.

Heute werden Gewürze in allen Ländern angebaut, fast unabhängig von ihrer ursprünglichen Heimat, die der Nicht-Biologie sowieso nicht kennt. Überall, wo Klima und Boden den jeweiligen Pflanzen ein Überleben ermöglichen, wird angebaut und geerntet. Das macht sie billiger und ermöglicht einen Handel mit einer ganzen Gewürz- und Kräuter-Palette, ohne lästige Unterbrechungen durch Jahres- und damit verbundene Erntezeiten. Irgendwo auf diesem Globus kann immer geerntet werden. (Zu dieser Problematik siehe auch die Seiten 24, 25 und 74, 75.)

Dennoch die landestypischen Gewürze gibt es zum Glück (und so manchem Unglück eines gequälten Gaumens) auch noch: Cajun in der Karibik, Currymischungen in Indien, Sambal Oelek in Indonesien, Puddinggewürz in England. Sie alle führen zu faszinierenden Eindrücken und Erinnerungen an Düfte und Aromen, die unverkennbar mit Land und Leuten verbunden sind. Sie liegen uns quasi auf der Zunge, auch wenn wir schon lange wieder weg sind, zurück im Maggi-Land.

Europas Kräutergärten...

...waren lange Zeit von dicken Mauern umgeben. Richtige Wälle schlossen die Pflanzen ein, von denen hauptsächlich Nonnen und Mönche wußten, wie und worin sie am besten schmecken und heilen.

Die ältesten Kräutergärten in Mitteleuropa, von denen wir durch schriftliche Zeugnisse wissen, waren in den Klöstern. Dann kamen Apothekergärten dazu. Mit Sicherheit hatten aber auch viele Bauern in ihren Gärten Heilpflanzen und -kräuter, die wir heute nur dann noch kennen, wenn sie von den "Profis" anerkannt wurden.

Eine schriftliche Tradition hat sich in Europa erst sehr spät entwickelt. Im 16. Jahrhundert erschienen die meisten Kräuterbücher. Und das waren nach heutigen Maßstäben Bestseller: neben der Bibel waren sie die auflagenstärksten Druckwerke des Jahrhunderts.

Sie enthalten kunstvolle und detailgetreue Abbildungen von Kräutern und Heilpflanzen, in einer uns ungewohnten Vielfalt. Durch die Kultivierung buchstäblich jedes Quadratmeters in unseren Landen ist viel von Feld und Flur verschwunden. „Unkraut"-Bekämpfung, Intensivierung der Land- und Waldwirtschaft, der Einsatz von Stickstoff-Dünger und Kalk haben die Wildkräuter dezimiert.

Dafür floriert die gewerbliche Kräuterzucht. In keinem Jahrhundert zuvor gab es hierzulande ein so reichhaltiges Angebot an Kräutern. Grünzeug aus Südamerika, Indien, Italien und Australien – wir bekommen alles, wonach es uns gelüstet.

Seit ein paar Jahrzehnten stammen erfreulicherweise viele aus biologischem Anbau. Wer Kräuter genießen möchte und nicht für Umweltzerstörung durch konventionelle Landwirtschaft und lange Transportwege verantwortlich sein will, wer ohne Sorge frische Aromen ohne Schwermetall- oder Giftrückstände kosten möchte, hat mittlerweile auch im Bioladen die Qual der Wahl.

Thymian, Oregano, Basilikum, Salbei, Lorbeer oder Kerbel – Trockenkräuter gibt es en masse. Frischkräuter in Abhängigkeit von der Jahreszeit – auch: Im Winter winterharten Schnittlauch und Petersilie, ab Mai dann Basilikum, Zitronenmelisse, Thymian, Rosmarin, Salbei und viele andere Sonnenkräuter.

Bio-Kräuter und Gewürze schmecken meist intensiver, da sich ihr Aroma natürlich langsam, ohne künstliche Wachstumsschübe mit mineralischen Düngemitteln entwickeln kann. Die Kräuter wachsen unter freiem Himmel und nicht im Glashaus, wo ihnen milde Temperaturen vorgegaukelt werden, die Sonne aber genauso selten scheint wie draußen.

Was sind Kräuter, Gewürze?

Manches Kraut ist ein Gewürz, nicht jedes Gewürz ist
ein Kraut. Verwirrt?

Das Wort „Gewürz" stammt von „Wurz", der mittel-
hochdeutschen Bezeichnung für Kraut oder Pflanze.
Würzen bedeutet daher, mit einer kleinen Menge zer-
kleinerter Pflanzenteile Lebensmittel zu Gerichten zu
verfeinern.

Diese Pflanzenteile können frisch oder getrocknet,
unzerkleinert, zerkleinert oder pulverisiert sein. Und
da liegt dann auch der Unterschied, den man gemein-
hin zwischen Kräutern und Gewürzen zieht:

Kräuter sind meist grüne Pflanzen-Teile, also die
Blätter ohne holzige Teile, frisch oder getrocknet. Gewürze sind eher nicht-grüne, oft exotische Pflanzenteile
wie zerkleinerte Wurzeln und Rhizome (Angelika,
Ingwer), Rinden (Zimt), Blüten und Blütenteile (Lavendel oder Safran) Milchsaft (Asant), Früchte (Paprika,
Limette) oder Samen und Samenmäntel (Pfeffer, Kardamom).

Und wieso würzen zerhackstückelte Pflanzen? Die ehrliche Antwort – wir wissen es immer noch nicht genau. Natürliches Vanillearoma setzt sich beispielsweise aus Vanillin und etwa 35 weiteren Komponenten zusammen, einige andere Aromen gar aus Hunderten von Einzelverbindungen, deren genaue Wirkung und Zusammenwirkung wir noch nicht kennen.

Die biochemische Antwort dagegen: Mit unserem Geruchs- und Geschmackssinn nehmen wir Bestandteile der Pflanzen wie Kohlenwasserstoffe, Ketone, Terpene, Schwefelverbindungen, Ester und Phenolether wahr. Und dann greifen wir auf unsere Lebenserfahrung zurück – einige haben wir als wohlschmeckend kennengelernt, andere als unangenehm. (Etwas sehr kulturabhängiges – außer bei Zucker und Salz.) Einige schmecken frisch am besten, andere getrocknet (Waldmeister) oder fermentiert (Vanille) und wieder andere munden nur gegärt (Wein und Essig).

Aber was unterscheidet Gewürze von anderen Lebensmitteln? Wieso würzt eine Kartoffel im Vergleich mit einer Zwiebel so wenig? Auch hier geben die Biologen und Chemiker wieder Bescheid: dank ihrer ätherischen Öle, Scharf-, Bitter- und Gerbstoffe, organischen Säuren, von denen sie mehr enthalten als andere Gewächse.

Ätherische Öle

Richtig schmecken können wir eigentlich „nur" sechs Richtungen: salzig, sauer, süß, bitter, herb und scharf. Alles andere sagt uns unsere Nase. Sie erschließt uns die beinahe unerschöpfliche Vielfalt von Düften samt ihren Nuancen. Zusammen mit den sechs Geschmacksarten erfahren wir so den Reichtum der kulinarischen Möglichkeiten.

Ätherische Öle sind überwiegend Duftstoffe, die in den Ölzellen der Pflanzen gebildet werden. Einige von ihnen haben einen kühlenden oder wärmenden Effekt, den wir in Gewürzen wie Pfefferminze oder Thymian wahrnehmen.

In den Gewürzen sind durchschnittlich ein bis zwanzig Prozent ätherische Öle enthalten, wobei in Blüten, Samen und Samenmänteln die höchsten Konzentrationen auftreten.

Wir kennen mehr als 1500 verschiedene ätherische Öle, in denen wir wiederum mehr als 1000 Stoffe wie Terpene, Alkohole, Ester, Ketone, Lactone, Phenole und Säuren finden können. Von der genauen Zusammensetzung dieser Substanzen hängt die Wirkung der ätherischen Öle ab – und ihr Geschmack.

Scharfstoffe

Der Geschmack der Gewürze hängt sehr stark auch von den Scharfstoffen ab. Den Charakter - brennend oder mild bis metallisch-scharf - können ätherische Öle prägen, aber auch Alkaloide wie das Piperin in Pfeffer oder Capsaicin in Chili.

Nicht alle Scharfstoffe sind hitzeresistent, weshalb zum Beispiel Zwiebeln beim Anbraten und Kochen süß werden. Bohnenkraut hingegen behält seine Schärfe. Auch die Alkaloid-Scharfstoffe wie die in Chilis oder Cayennepfeffer behalten ihre beißende Schärfe – ganz unabhängig von den Temperaturen.

Scharfstoffe sind aber nicht nur für den Gaumen ausgesprochen reizvoll, sie erleichtern durch ihren auflösenden Effekt auch die Verdauung schwerer und fetter Speisen. Und – die Bewohner der Tropen- und Subtropen haben es schon immer gewusst, wieso sie sich ausgerechnet bei den hohen Außentemperaturen zusätzliche Hitze zuführen: Scharfstoffe töten Keime und Bakterien, die in diesen Gefilden prächtiger gedeihen als anderswo.

Bitterstoffe

Sie bestehen überwiegend aus Terpenen, die häufig an Zuckerarten gebunden sind. Sie sind wasserlöslich und hitzeresistent, so dass sie ihre Wirkung auf unseren Organismus nie verfehlen. Sie lösen Reflexe aus, die zu einer vermehrten Produktion von Speichel, Galle und Magensaft führen. Dadurch wird die Verdauung ermöglicht, die Nährstoffverwertung verbessert und sogar die Entstehung schädlicher Gärungs- und Fäulnißprozesse unterbunden.

Gerbstoffe

Sie sind für die Geschmacksnoten herb bis bitter zuständig. Von der Natur werden sie eingesetzt, um Tierfraß und Fäulnis abzuwehren. Die „chemischen Keulen" der Pflanzen gegen die tierische Bedrohung sind Gallotannine, Pyrogallofarbstoffe und Polyphenole. Sie binden Eiweißkörper an sich und ziehen dadurch die Schleimhäute und auch die Haut zusammen (dieser Effekt wird beim Gerben von Leder ausgenutzt). Weitere Effekte: sie wirken konservierend und desinfizierend, indem sie das Wachstum der Bakterien hemmen oder sie sogar abtöten. Die Schattenseiten sind Folgen zu hoher Dosierung.

Isst man sehr viele herb schmeckende Kräuter, was wegen des nicht so beliebten Geschmacks eher selten passiert, kann es zu Verstopfungen kommen.

Organische Säuren

Natürliche Fruchtsäuren aus Zitrone oder Beeren und Gärungssäuren wie Wein und Essig sind organische Säuren aus Pflanzen, die unser Essen verfeinern können. Die Gärungssäuren verlieren bei hohen Temperaturen schnell ihr saures Aroma. Und auch die Fruchtsäuren aus Beeren wandeln sich beim Erhitzen um: Sie werden oft zu zusätzlichem Zucker und verstärken die allseits beliebte Geschmacksrichtung Süß.

Säuren schmecken nicht nur erfrischend, sondern entlasten auch die Leber. Im Übermaß genossen schaden sie allerdings Magen und Zähnen.

Nicht zu vergessen sind aber auch andere Inhaltsstoffe von Gewürzen und Kräutern: **Vitamine, Mineralstoffe und Spurenelemente**. Sie sind in erhöhter Menge und fast ohne Begleitung von Kalorien in Gewürzen enthalten.

Vom Umgang mit Gewürzen

Über die korrekte *Dosierung* von Gewürzen gibt es unterschiedliche Theorien, die eigentlich alle nur eines aussagen: Geschmäcker sind verschieden. Jeder sollte das und soviel davon benutzen, wie es am besten mundet.

Aber es gibt ein paar Regeln zum *Umgang* mit Gewürzen, die, wenn man sie befolgt, das Aroma besser zur Geltung bringen und die hohe Kunst des Kochens verfeinern.

▸ Je feiner ein Gewürz zerkleinert ist, desto intensiver ist sein Geschmack. Interessant ist aber auch die umgekehrte Variante: je größer ein Gewürz in der Speise, desto faszinierender die Wirkung. Der Biss auf ein grünes Pfefferkorn ist ein pikante Erfahrung.

▸ Wenn man dunkle Gewürze wie Lorbeer, Zimt, Nelken oder Kardamom nicht in hellen Speisen sehen mag, kann man sie in einem Mullsäckchen mitkochen und sie dann leicht vor dem Servieren wieder entfernen.

▸ Getrocknete Kräuter haben ein intensiveres Aroma - pro Gewichtseinheit - als frische. Man rechnet daher etwa die Hälfte der Angabe für frische Kräuter - also z. B. einen *Tee*löffel getrockneter Kräuter als Ersatz für ein bis zwei *Ess*löffel frischer.

▶ Unzerkleinerte Gewürze müssen zerkleinert oder höher dosiert werden, um dieselbe Intensität wie Pulver zu erzielen.

▶ Gehackte Frischgewürze wie Kerbel oder Ingwer, aber auch getrocknete gerebelte Kräuter und Gewürzpulver, werden erst zum Ende des Garens dazugegeben, da sie ansonsten schnell ihr Aroma verlieren.

▶ Am besten zerreibt man die frischen Kräuter kurz vor dem Kochen, damit sie ihr volles Aroma entfalten und einbringen können. Die getrockneten oder ganzen Gewürze können im Mörser zermahlen werden.

▶ Paprika-, Gulasch- oder Currypulver gibt man erst nach dem Anbraten dazu, da sie ansonsten leicht bitter schmecken.

▶ Die Faustregel, mit der man nichts verkehrt machen kann lautet: vorsichtig würzen. Nachwürzen ist kinderleicht, die Wiedergutmachung einer Übertreibung aber kaum möglich und liefert leider oft ein ungenießbares Ergebnis.

▶ Schmeckt ein Gericht trotz großzügigen Würzens matt und fad, hilft ein Schuß Säure: Wein, Joghurt oder Sauerrahm wecken in der Regel die Lebensgeister. Und umgekehrt: Übersalzenes und zu Scharfes kann durch Zugabe von Saurer Sahne oder Joghurt abgemildert werden.

Wer mit wem?

Die Kunst des Würzens will gelernt und geübt sein.
Zum Glück ist das nicht sehr schwer. Bestimmend für
die Auswahl der Gewürze ist in allererster Linie die
Absicht: will man's pikant, süß oder sogar eine raffinierte Mischung dieser beiden Richtungen?

Einige Gewürze für Pikantes:

▶ Pfeffer ▶ Paprika ▶ Kümmel ▶ Kreuzkümmel
▶ Koriander ▶ Oregano ▶ Thymian ▶ Lorbeer
▶ Wacholder ▶ Zwiebeln ▶ Knoblauch ▶ Kapern
▶ Rosmarin ▶ Senf und viele andere mehr.

Diese Gewürze können untereinander beliebig kombiniert werden.

Gewürze für Süßes:

▶ Vanille ▶ Anis ▶ Waldmeister ▶ Zitronat
▶ Orangeat ▶ Kalmuswurzel ▶ Süßholz

All diese Lieblinge der Schleckermäuler passen gut
zueinander und harmonieren in den süßen Köstlichkeiten.

Es gibt aber auch Gewürze, die sowohl pikante als auch süße Gerichte hervorragend aromatisieren.

„Sowohl-als-auch-Gewürze":
▶ Zimt ▶ Nelken ▶ Kardamom ▶ Pfefferminze
▶ Zitronensaft ▶ Zitronenschale ▶ Ingwer
▶ Sternanis ▶ Muskat ▶ Wein ▶ Ysop

Kombiniert man nun ausschließlich pikante oder süße mit den „sowohl-als-auch"-Gewürzen, erzielt man so raffinierte Ergebnisse wie das für Europa standardisierte indische Gewürz Curry (Rezept siehe Seite 68) oder das typisch deutsche Lebkuchen-Aroma. So kommen in diesen beiden Gewürzmischungen Kardamom, Koriander, Zimt und Nelken vor.

Tipps zur Haltbarkeit

▶ Frische Kräuter sollten Sie am besten innerhalb von fünf Tagen nach der Ernte verwenden. Ganze Sträußchen stellen Sie am besten in ein Glas Wasser, lose Blätter legen Sie fest verschlossen in eine Plastiktüte in den Kühlschrank. Welke Kräuter werden aufgefrischt, wenn Sie sie zehn Minuten in lauwarmes Wasser legen, dann die Stiele anschneiden und sie für etwa 20 Minuten in ein Glas mit Wasser stellen.

▶ Auch getrocknete Kräuter sollte man nicht zu lange lagern. Der Zahn der Zeit laugt sie aus. Empfehlenswert ist also der Kauf von kleineren Portionen, die am besten in einem dunklen, lichtundurchlässigen Gefäß aufbewahrt werden. Trockenheit und Kühle sind die idealen Bedingungen.
Haben Gewürze nach längerer Lagerung an Aroma eingebüßt, können Sie das an dem matteren Duft erkennen. Sie haben nun die Wahl – entweder erhöhen Sie die Dosis beim Würzen oder – wenn auch die Farben verändert scheinen – kaufen Sie sich eine neue Portion.

Der Lagerung haben wir ein eigenes Kapitel „Kräuter richtig konservieren" auf den Seiten 84 bis 89 gewidmet.

Einkaufstipps

▶ Inzwischen gibt es in jedem Supermarkt eine große Auswahl an frischen Kräutern. Sie sehen gut aus, dunkelgrün und kräftig, sind aber oft schon bald müde und welk. Überdüngung und forciertes Wachstum sind die Erklärung für dieses traurige Phänomen. In Naturkostläden finden Sie Kräuter, die sich auch auf Ihrer Fensterbank noch lange und wacker halten. (Siehe dazu auch die Seiten 10 und 11.)

▶ Kaufen Sie immer nur soviel von einem Gewürz, wie Sie schätzungsweise innerhalb eines Jahres verbrauchen. Alles andere ist Verschwendung.

▶ Beim Kauf von Pulver ist Vorsicht geboten: Niemand kann den Pulvern ansehen, ob sie eventuell gestreckt wurden. Bei dem teuren Safranpulver hat sich schon oft genug auch Ringelblume finden lassen.
Auch Keim- und Pilzbefall kann man mit bloßem Auge und Schmecken allein nicht erkennen. Gefährlich und ungesund sind sie dennoch. Kaufen Sie daher Gewürze immer bei dem Händler Ihres Vertrauens.

▶ Achten Sie beim Kauf getrockneter Kräuter auf kräftige Farben und vollen Duft. Riechen sie muffig, sind ihre besten Zeiten schon längst vorbei oder sie wurden unsachgemäß gelagert.

Gewürze an der Öko-Theke

Auf das Angebot im Bioladen können Sie sich normalerweise verlassen. Neben Aroma und Genuss bieten diese Gewürze und Kräuter auch andere Vorteile. Viele haben ihre lange Reise nicht im Flugzug, sondern via Schiff bewältigt. Viele stammen aus Ländern, in denen bittere Armut herrscht und ein fairer Preis trägt dazu bei, eben diese zu bekämpfen. Der Naturkosthandel ist die Alternative für Verbraucher und Hersteller.

Der konventionelle Gewürzhandel floriert Hand in Hand mit dem Profit der Händler. Weder die Bauern noch die Endabnehmer sind die echten Nutznießer. Die Bauern müssen schnell, viel und billig produzieren. Das geht nur mit Hilfe von mineralischen Düngern und Pestiziden. Der Lohn für die harte Arbeit ist bescheiden, für Produkte aus den „Dritte Welt Ländern" oft ein Hohn.

Die Verbraucher profitieren von dieser Wirtschaftsweise auch nicht. Viel Natur wird durch den großflächigen Anbau mit intensivstem Chemikalieneinsatz zertört. Die Belastung der Kräuter und Gewürze durch die chemische Keule ist für unsere Gesundheit im Vergleich zu anderen Belastungsquellen recht unproblematisch, da wir nur sehr kleine Mengen davon zu uns nehmen.

Aber zu oft wird bei Strichproben radioaktiv Bestrahltes gefunden. Die Strahlen werden eingesetzt, um Keime abzutöten. Das Verfahren ist zwar in Deutschland verboten, in vielen unserer europäischen Nachbarstaaten aber zugelassen. Einiges davon gelangt aber unkontrolliert auch auf den deutschen Markt. Glücklicherweise nicht in den Bioladen. Hier finden Sie unbestrahlte Ware, die, wenn als "bio" gekennzeichnet, weder Pestizide noch Herbizide kennengelernt hat. Haltbar gemacht wird durch schonende Lufttrocknung bei Temperaturen um die 30 Grad. Peinliche Hygiene bei der Ernte und Weiterverarbeitung beugt ebenfalls dem Keimbefall vor.

Heute ist "bio" nicht mehr mit starken Einschränkungen des Angebotes für die verwöhnten Gaumen der Kundschaft verbunden. Von Anis bis Vanille und Zimt finden Sie hier alles, was Ihr Herz oder Kochtopf begehrt. Wurden die Bio-Gewürzpflanzen in den ärmeren Regionen dieses Erdballs angebaut, können Sie sicher sein, daß die ArbeiterInnen fair entlohnt wurden. Viele Naturkostläden arbeiten mit der gepa (Gesellschaft zur Förderung der Partnerschaft mit der dritten Welt) zusammen. Diese ermöglicht bis zu 30 Prozent höhere Erlöse für die Produzenten, da sie den teuren und umständlichen Weg über die Zwischenhändler einspart. Die Qualität der gepa-Gewürze ist unstrittig gut, wenn auch noch nicht komplett aus kontrolliert biologischem Anbau. An der Bio-Zertifizierung wird aber intensiv gearbeitet.

Daneben gibt es viele Firmen des Naturkost-Bereichs, die ihr eigenes "Fair-Trade-Programm" oft schon seit vielen Jahren realisieren. Wenn es Sie interessiert, fragen Sie in Ihrem Bio-Laden danach.

Gewürz- und Kräuterküche:
Vorspeisen

Vorspeisen sind im Alltag, in der mitteleuropäischen Tradition, eher selten. Wer nimmt sich schon die Zeit, um zum Feierabend ein Vier-Gänge-Menü anzurichten und der müden und hungrigen Meute zu servieren? Nein, Vorspeisen halten wir uns für die ganz besonderen Anlässe vor. Und so gehören sie zu den Speisen, die, wenn man sich schon mal die Zeit für sie nimmt, die meiste Aufmerksamkeit wecken. Gezielte und sensible, gewagte und vorsichtige Griffe ins Gewürzregal, liebevoll-aufmerksames Schnuppern an Töpfen und Tiegelchen, zusammenbringen, was zusammengehört – sind daher bei den Vorspeisen besonders wichtig.

Das war nicht immer so. Im Barock hießen die feinen kleinen Häppchen noch ganz deftig „Voressen". Sie sollten den Essern eine solide Basis für die von Anfang an gereichten Alkoholika liefern. Erst mit dem aufstrebenden Bürgertum im 19. Jahrhundert verfeinerten sich die Sitten und Vorspeisen wurden zu „hors d'œuvres".

Vorspeisen waren Luxus. „Hors d'œuvres" heißt wörtlich "außerhalb der Arbeit". Tatsächlich machen die kleinen Häppchen mehr Arbeit – aber sie läuten hierzulande auch ganz eindeutig ein Festessen ein, die Auszeit vom alltäglichen Schlingen und lebenserhaltenden „Nahrungzuführen". Im Folgenden finden Sie immer die Vorstellung eines Gewürzes und dann ein Rezept dazu.

Kleine Kräuterkunde: Koriander
Coriandrum sativum

Hier ist – streng genommen recht unappetitlich – das griechische Wort für Wanze (koris) enthalten. Das verdankt die Pflanze ihrem Geruch. Anscheinend wußten die Griechen genau, wie Wanzen riechen, denn Koriander verströmt – so die einhellige Behauptung der Biologen – tatsächlich den Geruch eines Wanzenschwarms. Die griechischen Assoziationen werden vielerorts nachvollzogen – auch in einigen deutschen Dialekten heißt diese Pflanze „Wanzenkraut".

Koriander beeindruckt aber – trotz des Namens – mit Schönheit. Die einjährige Pflanze ist im Mittelmeerraum beheimatet und wird etwa 30 bis 80 Zentimeter groß. Die Blätter, die in Bodennähe wachsen, sind breit und flach, die in der Mitte schmaler und gefiedert. An der Spitze erinnern die Blätter, die immer filigraner werden, an Dill. Die Blüten sind von einem zarten Weiß bis Rosa und die Vorboten von den kleinen, pfefferkorngroßen Früchtchen.

Im Spätsommer werden diese am frühen Morgen geerntet. Danach geht's ganz pragmatisch und wenig romantisch in die Verarbeitung. Die Samen werden getrocknet und gedroschen oder destilliert, um das ätherische Öl zu gewinnen.

Würzige Inhaltsstoffe und Wirkung

Die Samen enthalten ätherisches Öl (Linalol), das ein wertvoller Bestandteil in Parfüms ist. Auch dem Weihrauch verleiht Koriander ein würzig, edles Aroma. In Indien wird er auch als Arznei gegen Migräne und Verdauungsstörungen eingesetzt. Die europäische Medizin nutzt Koriander in geringen Mengen als Geruchsverbesserer von Medikamenten und Salben.

Einkauf und Lagerung

Die Samen kauft man am besten unzerkleinert und mahlt oder schrotet sie nach Bedarf, da sie schnell ihr Aroma verlieren. Auch die Blätter kann man als Gewürz verwenden. Am besten schmecken sie frisch und kleingehackt.

Verwendung in der Küche

Samen und Blätter schmecken völlig unterschiedlich. Die mildwürzigen Samen erinnern an Pfeffer, Balsam und Orangen, während die Blätter herb und scharf sind. In der asiatischen und mittelamerikanischen Küche werden beide gern und häufig eingesetzt – als Curry und Salsa.

In Europa werden Fisch- und Gemüsemarinaden, Würste, pikantes Gebäck, Pasteten, Lebkuchen und Spekulatius mit Koriander gewürzt. Die Blätter sind in Kohlgerichten, Salaten und Rübenspeisen eine Delikatesse.

Rote Bete mit Koriander

Zutaten für 4 Personen

5 Rote Bete, 2 Äpfel
1/4 Knollensellerie
200g Joghurt
3 EL Zitronensaft
1 TL gemahlener Koriander
8 Blättchen Zitronenmelisse
gehackte Walnusskerne (oder andere Nüsse)
Meersalz & Pfeffer

Zubereitungszeit: 30 Minuten

Zubereitung

1. *Rote Bete, Äpfel* und *Sellerie* waschen, schälen und grob raspeln. Alles vermischen.

2. Den *Zitronensaft* unter den *Joghurt* rühren und *Koriander* hinzufügen. Mit *Salz* und *Pfeffer* abschmecken.

3. Salat auf Tellern anrichten und mit *Walnüssen* und *Zitronenmelisse* garnieren.

Kleine Kräuterkunde: Fenchel

Foeniculum vulgare

Bevor es Caesar und seinen Lorbeerkranz gab, schmückte Fenchel erfolgreiche Häupter. Die Griechen trugen ganze Kränze davon, um ihren Status zu demonstrieren. Im Mittelmeerraum ist er auch heute noch ein beliebtes Gemüse. „Finnocchio", der italienische Name, weckt sentimentale Erinnerungen an den kleinen Holzjungen Pinocchio.

Gewürzfenchel, der nahe Verwandte des Gemüsefenchels, ist eine beeindruckende Pflanze, die bis zu zwei Meter hoch wachsen kann. Ihre federartigen dichten Blätter sehen aus der Ferne wie eine erstarrte grüne Nebelwolke aus. An den Dolden blühen ab Juli gelbe Blüten, aus denen gelbbraune kleine Früchte wachsen.

Im Garten wirkt er imposant und gleichzeitig filigran – eine auffällige Erscheinung. Und bei all der Pracht ist Fenchel in der Pflege ausgesprochen simpel. Einmal gepflanzt sät er sich selbst dort aus, wo er es für richtig hält. Das Ergebnis ist immer wunderschön anzusehen.

Würzige Inhaltsstoffe und Wirkung

Das ätherische Öl der Fenchelsamen enthält Anethol, Fenchon, Zucker und fettes Öl. Seit jeher wird es als Hustenmittel in Tees und Bonbons eingesetzt. Auch eine appetitanregende, wundheilende und magenstärkende Wirkung wird ihm nachgesagt. Für junge Mütter ist Fenchel besonders interessant, da er milchbildend wirkt und Babys bei Blähungen hilft.

Einkauf und Lagerung

Fenchelblätter und -samen schmecken frisch und getrocknet. Die Samen kauft man am besten unzerkleinert. Die Blätter findet man selten allein, meist sind sie in Fischkräutermischungen enthalten. Beide sollten erst kurz vor dem Einsatz als Gewürz gemahlen beziehungsweise gehackt werden, da sich das Aroma bei der Lagerung als Pulver oder Schrot („gemahlene Getreidekügelchen") leicht verliert.

Verwendung in der Küche

Das Fenchelaroma ist süßlich-scharf, leicht bitter und erinnert an Lakritz. Mit den Blättern würzt man Fisch, Salate oder auch Kräuteressig. Die Samen schmecken in süßem Hefegebäck, Brot, Salaten, Wurzel- und Kohlgemüsen aber auch in Likören und Branntwein.

Fenchelsuppe

Zutaten für 4 Personen
600g Fenchelknollen

3 EL Butter

1 TL Fenchelsamen

1 Zwiebel

800 ml Gemüse- oder Hühnerbrühe

2 EL Zitronensaft

Meersalz und schwarzer Pfeffer

100 ml Crème fraîche

je 1 TL Sonnenblumen- und Kürbiskerne

Zubereitungszeit: 1 Stunde

Zubereitung

1. *Fenchel* kleinschneiden und in 2 EL *Butter* an
   dünsten.

2. Die *Fenchelsamen* im Mörser zerstoßen,
   die *Zwiebel* kleinhacken und beides zum Fenchel
   geben. Kurz mitdünsten.

3. Mit der *Brühe* ablöschen, den *Zitronensaft* ein
   rühren und alles so lange kochen, bis das Gemüse
   weich ist.

4. Den Topf vom Herd nehmen, die Suppe mit *Salz*
   und *Pfeffer* abschmecken, *Crème fraîche* unterrühren
   und nochmals erwärmen.

5. In der Zwischenzeit die *Sonnenblumen-* und *Kürbiskerne* mit einem Esslöffel *Butter* anrösten.

6. Die Suppe auf den Tellern anrichten
   und die Kerne darüberstreuen.

Kleine Kräuterkunde: Cayennepfeffer
Capsicum frutescens

Cayennepfeffer hat trotz des Namens mit Pfeffer nichts zu tun, sondern wird aus Chilis gewonnen. Reife Schoten werden dafür getrocknet und dann zermahlen. Cayennepfeffer ist ein pures Chiligewürz, ohne jede Beimischung.

(Um die Verwirrung zu verrringern, wurde "Kolumbianischer Paprika" als Name für dieses Gewürz vorgeschlagen. Etwas problematisch - denn verwendet man Cayennepfeffer wie Paprika, wird man für einige Zeit keine Freude mehr am Essen haben.)

Chilibüsche wachsen in der freien Wildbahn bis zu zwei Metern heran. Auf den Feldern läßt man sie meist nur 40 bis 60 Zentimeter hoch werden, um die Ernte der Schoten zu erleichtern. Diese entstehen aus den grünlich-weißen Blüten. Sie werden knallrot und sehen wie fingerlange kleine, spitze Kegel aus.

Würzige Inhaltstoffe und Wirkung

Die feurige Schärfe verdankt der Cayennepfeffer wie
alle Chilis dem Alkaloid Capsaicin, das auffällige Rot
den Carotinoiden. Auch die inneren Werte – Vitamin C
und Flavonoide – stechen hervor. Dementsprechend beeindruckend ist auch die Wirkung: Cayennepfeffer regt
Verdauung und Kreislauf an, desinfiziert und schützt
vor Magengeschwüren. Erstaunlicherweise vertragen
Magenempfindliche Cayennepfeffer besser als weißen
oder schwarzen Pfeffer, vorausgesetzt sie beginnen
damit langsam und wohldosiert.

Einkauf und Lagerung

Bei uns gibt es die kleinen roten Schoten fast nur getrocknet. Sie sind praktisch unbegrenzt haltbar.

Verwendung in der Küche

Da hat jeder so seine eigenen Vorlieben. Manche mögen's heiß, andere eher cool. Für die Heißen: Probieren
Sie mal (aber genießen Sie mit Vorsicht!) die Samen
der Schoten als Gewürz. Für die Milden und Sanften:
entfernen Sie die Samen! Nehmen Sie nur etwas vom
getrockneten Fruchtfleisch. Es passt sich allen Gemüse-
und vor allem auch Fleischgerichten ganz hervorragend
an.

Kräuterkäserolle

Zutaten für 4 Personen

250g Frischkäse

200g Ricotta

250g würziger geriebener Hartkäse

50g schwarze Oliven

30g grüne Oliven

1 TL Tabasco

1 Prise frisch gemahlener Cayennepfeffer

3 EL frische, gehackte Minze

2 EL Sesamsamen

Zubereitungszeit: 15 Minuten

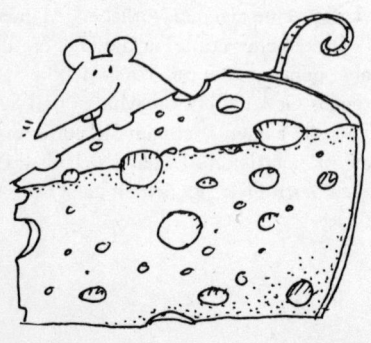

1. *Oliven* kleinhacken.

2. *Frischkäse* mit *Ricotta* glattrühren und den *Hartkäse* zusammen mit den Oliven unterheben. Mit *Tabasco* und *Pfeffer* abschmecken. Aus dem Käse eine Rolle formen.

3. Die gehackte *Minze* zusammen mit den *Sesamkörnern* und etwas *Pfeffer* auf der Arbeitsfläche verteilen. Die Käserolle darüber wälzen, bis sie komplett mit den Gewürzen bedeckt ist.

4. Am besten entwickelt sich das Aroma, wenn die Käserolle in eine Frischhaltefolie gewickelt und mindestens eine halbe Stunde vor dem Servieren kühl gestellt wird.

Aphrodisiaka:
Kräuter für die Liebe?

In den mystischen Zeiten unserer Vorfahren, als die Götter in Europa noch Baldur, Thor, Freya oder Loki hießen und nicht einfach nur „Gott", wurden auch vielen Pflanzen heilige Kräfte zugesprochen, wie zum Beispiel dem Holunder. Die gestrenge Holundermutter mußte um Erlaubnis gebeten werden, wenn ihre Früchte geerntet werden sollten. Dennoch wurde ihr Holz sicherheitshalber nicht zum Bau von Wiegen benutzt. Wenn sie die Ernte nicht verziehen hatte – man konnte nie wissen... – könnte sie ja den Kindern schaden.

Es gab aber auch die „guten" Pflanzen wie Weißdorn. Mit ihm wurde die Maikönigin bekränzt, wenn sie auf den Feldern um beständige Fruchtbarkeit bat. Der Weißdorn stand ihr beim Gebet zur Seite und sollte die Fruchtbarkeit der Felder erhöhen.

Der moderne Mensch fragt sich skeptischer: Können Pflanzen auf die Fruchtbarkeit Einfluss nehmen oder sogar bei diffizilen Liebesangelegenheiten von Nutzen sein? So manch einer und eine mag sich das wünschen. Der Gerüchte und Hoffnungen gibt es viele...

Himbeeren und Hagebutten – wer hätte das gedacht – gelten als Aphrodisiakum. Ebenso Möhren, Porree, Sellerie und Wurzelpetersilie.

Wissenschaftliche Studien und Erklärungen gibt es dazu kaum. In Liebes- und Potenz-Angelegenheiten spielen zu viele Faktoren eine Rolle, um die aphrodisierende Wirkung allein auf die Inhaltsstoffe der Früchte schieben zu können.

Aber einiges haben oben aufgezähltes Obst und Gemüse gemeinsam, worin der Grund für Liebes-Hoffnung liegen mag. Sie alle enthalten viele Vitamine (C, E, einige auch das Provitamin A), Calcium und etwas Eisen. Sellerie tut sich sogar mit insulinähnlichen Hormonen in seinem ätherischen Öl hervor. Das sind alles Substanzen, die den Stoffwechsel anregen und so zu Wohlbefinden führen können. Und wann geht's in der Liebe besonders gut? Wenn wir uns besonders wohl fühlen...

Gewürze und Kräuter können aus einem weiteren Grund kaum solche Wirkungen haben: Sie werden in der Regel viel zu sparsam verwendet. Richtig dosiert und eingesetzt führen sie zu Gaumenfreuden und Genuss. Diese Sinnlichkeit auf alle Ebenen zu übertragen liegt nahe. Ebenso nah, wie die volkstümliche Weisheit: „Liebe geht durch den Magen".

Gewürz- und Kräuterküche:
Hauptgerichte

Bärlauchknödel auf Tomaten

Zutaten für 4 Personen

300g mehlig kochende Kartoffeln

150g Bärlauchblätter

150g Vollkornmehl

50g Weizengries

2 Eigelb

frisch gemahlener schwarzer Pfeffer

frisch geriebene Muskatnuss

4 Fleischtomaten, 1 Zwiebel

1 EL Butter

200g passierte Tomaten

1 Prise Vollrohrzucker

50g frisch geriebener Parmesan

Meersalz

Zubereitungszeit: 1½ Stunden

Zubereitung

1. *Kartoffeln* waschen und mit der Schale etwa
   20 Minuten lang kochen. Anschließend pellen und
   durch die Presse drücken (oder fein reiben).

2. Den *Bärlauch* waschen, die Blätter von den Stengeln zupfen und in ein Sieb geben. Mit heißem Wasser überbrühen und kalt abschrecken. Gut abtropfen lassen und fein hacken.

3. *Kartoffeln, Bärlauch, Mehl, Grieß* und *Eigelb* gut vermischen. Mit *Salz* und *Pfeffer* sowie *Muskatnuss* abschmecken und eine viertel Stunde ruhen lassen.

4. *Tomaten* mit kochendem Wasser überbrühen und die Haut abziehen. Das Fleisch vierteln, entkernen und würfeln.

5. Die *Zwiebel* abziehen, würfeln und in der *Butter* andünsten. Die *passierten Tomaten* dazugeben und etwa 10 Minuten köcheln lassen. Mit *Salz, Pfeffer* und eventuell einer Prise *Zucker* würzen und zum Schluß die Tomatenwürfel unterrühren.

6. Aus dem Kartoffelteig kleine Knödel formen (am leichtesten geht das mit nassen Händen) und diese in siedendem Salzwasser etwa 15 Minuten ziehen lassen.

7. Die Knödel mit einer Schaumkelle aus dem Wasser nehmen und mit der Tomatensauce übergossen servieren.

Kleine Kräuterkunde: Bärlauch

Allium ursinum

In Laubwäldern, Hecken oder Parks mit nährstoffrei-
chen und feuchten Böden wächst ein Verwandter von
Knob- und Schnittlauch, die Bären-Sorte – Bärlauch.

15 bis 30 Zentimeter hoch werden die sattgrünen
Pflanzen. Ihre Blätter sehen den hübschen Maiglöckchen und Herbstzeitlosen sehr ähnlich. Und das ist
ein Problem für sammelnde Bärlauch-Liebhaber.

Bärlauch kann man bislang nicht kaufen. Man muss
im Frühling in die Wälder und da ganz genau hinsehen,
um nicht die giftigen Maiglöckchen und die ebenfalls
unbekömmlichen Herbstzeitlosen mit nach Hause zu
bringen. Zu identifizieren ist Bärlauch am dreikantigen
Stengel und dem typischen Knoblauchgeruch. Bevor
man die Blätter also abzupft, sollte vorsichtshalber an
ihnen geschnuppert werden.

Die frischen Blätter werden nicht gekocht. Einfach
fein hacken und wie Schnittlauch über Suppen, Ein-
töpfe, Salate oder Butterbrote streuen. Das Aroma ist
angenehm herb, eine Mischung aus Lauch und Knoblauch, nur wesentlich milder und eine Spur frischer.

Bärlauch-Pesto

Zutaten für 4 Portionen
4 Bund Bärlauch
(entsprechend dem handelsüblichen Bund)

| 3 Knoblauchzehen |
| 3 EL Pinienkerne |
| 1 Prise Meersalz |
| je 40g frisch geriebenen Pecorino und Parmesan |
| 100 ml Olivenöl |

Zubereitungszeit: 30 Minuten

Zubereitung

1. *Bärlauch* waschen, trockenschütteln, Stiele entfernen und Blätter grob hacken.

2. *Knoblauch* schälen, grob zerkleinern, mit *Bärlauch, Pinienkernen,* und Salz in einem Mörser zu einer Paste zerreiben.

3. In eine Schüssel füllen, *Käse* dazugeben und unter Rühren das *Öl* dazugeben.

Dieses Pesto schmeckt hervorragend zu Spaghetti und all den anderen Pasta-Köstlichkeiten.

Kleine Kräuterkunde: Wacholder

Juniperus communis

Ungewöhnlich für Früchte - Wacholderbeeren brauchen drei Jahre zur Reife. Im ersten Jahr bleiben sie grün. Erst im zweiten Lebensjahr laufen sie blauschwarz an. Im Dritten sind sie schließlich erntereif.

Ihre Heimat ist ganz Europa. Das macht dieses Gewürz, angesichts der anderen, die seit jeher importiert werden, zusätzlich attraktiv. Es ist das einzige Gewürz, das die Gewürzstraßen dieser Welt in umgekehrter Richtung zurückgelegt hat.

Der Wacholderstrauch gehört zu den Zypressengewächsen und kann beeindruckende sechs Meter hoch werden. Die blaugrünen Nadeln wachsen in Dreierbünden und sind verletzungsträchtig spitz. Im April und Mai blüht der Busch sehr bescheiden mit gelblichen kleinen Blüten.

Nicht so bescheiden ist der intensive Geschmack der Wacholderbeeren. Kenner alkoholischer Getränke finden das typische Gin-Aroma, Waldläufer nehmen eher den intensiven Nadelholz-Duft und -Geschmack wahr.

Obwohl Wacholder auf der ganzen nördlichen Halbkugel wächst und gedeiht, sind die Beeren kein weit verbreitetes Gewürz. Einige Skandinavier marinieren damit ihr Fleisch, Franzosen würzen Wildgerichte und ihre typischen Pâtés mit Wacholder und die Deutschen Sauerkraut.

Würzige Inhaltsstoffe und Wirkung

Die Beeren enthalten ätherisches Öl mit Pinen, Terpinenol, Zucker, Säuren, Harz, Gerb- und Bitterstoffe.

Sie regen den Appetit an, wirken harntreibend und blutreinigend. Wegen der nierenreizenden Eigenschaften sollten sie bei Schwangerschaft und Nierenkrankheiten gemieden werden.

Einkauf und Lagerung

Frische Beeren sollten groß, rund und prall sein. Konserviert und aufbewahrt werden sie am besten getrocknet.

Verwendung in der Küche

Um Fleisch (vorwiegend Wild) und Fisch zu würzen, werden die Beeren zerquetscht und mitgegart. Wacholder passt ausgezeichnet zu Knoblauch, Majoran und Rosmarin. Auch bei Bier, Wein und Gin entfalten die kleinen Beeren ihr volles Aroma.

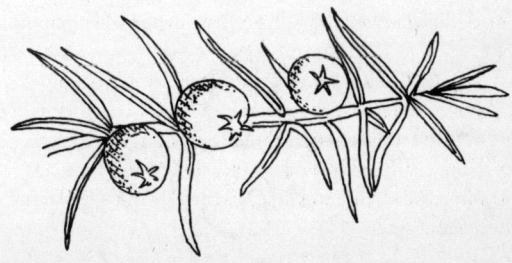

Wild mit Wacholder-Kirschen-Sauce

Zutaten für 4 Personen

2kg Wildrücken

Speckschwarte zum Bedecken

6 EL Olivenöl

2 EL Zitronensaft

1 EL Wacholderbeeren

1 TL Meersalz

1 Lorbeerblatt

1 Zwiebel

1 Apfel

125 ml Rotwein

250g Kirschen (entsteint)

2–3 EL Johannisbeergelee

Wasser, falls nötig

*Zubereitungszeit: 20 Minuten
(plus knapp 3 Stunden Marinier- und
1 gute Stunde Bratzeit)*

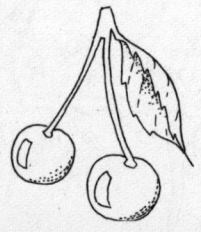

Zubereitung

1. *Wacholderbeeren* und *Lorbeerblatt* zerdrücken. Mit 3 Esslöffeln *Olivenöl*, *Salz* und dem *Zitronensaft* gut verrühren und über das *Fleisch* reiben. Das Wildbret mindestens 2-3 Stunden darin marinieren.

2. *Speckschwarte* über das Fleisch legen und alles zusammen mit der *Zwiebel* und einem *Apfel* in eine Backform legen. 3 EL *Öl* und den *Wein* dazugießen. Bei 180°C etwa 1 1/4 Stunde braten und dabei häufig begießen.

3. Für die Sauce den Bratensatz vom Boden der Backform nehmen und bei mittlerer Hitze gut verrühren. Überschüssiges Fett abgießen. Wenn's weniger als 150ml Bratfond sind, mit Wasser auffüllen. *Kirschen*, *Gelee* und restliche *Gewürze* hineingeben und alles nochmal kurz aufkochen.

Kochen mit Wein

Fristet Wein in Ihrer Küche – wie in fast allen anderen – auch eher ein Dasein als Mauerblümchen? Ab und an löscht ein letzter Schluck vom Vortag den Braten- oder Gemüsefond ab? Dabei ist Wein ein prima „Gewürz" für viele Gerichte – ob mit oder ohne Fleisch.

Scheu vor dem Alkohol im Wein ist nur bei kalten Gerichten, den Desserts und Kaltschalen, angebracht. Denn nur, wenn Wein nicht gekocht wird, bleibt er „prozentig" und sorgt eventuell für einen kleinen Küchenschwips. Im Kochtopf verliert sich der Alkoholgehalt schon bei 75 Grad. Was bleibt, ist das leichte und würzige Aroma.

Ein wichtiges Thema beim Kochen mit Wein ist sein Säuregehalt. Dieser kann Gerichte unerwünscht sauer machen oder die mitverwendete Sahne zum Gerinnen bringen. Bestimmt wird der Säuregehalt vom Klima des Anbaugebietes, von den unterschiedlichen Rebsorten und vom Ausbau durch den Winzer. Die Grundregel beim Weißwein: Je wärmer das Klima, desto geringer die Säure. Weine aus dem Mittelmeerraum sind dementsprechend mild und sanft. Weine aus nördlicheren Weinbergen hingegen – bis auf einige Ausnahmen, abhängig von Jahrgang und Rebsorte – recht sauer.

Beim Rotwein sollte man, wenn er im Kochtopf landet, auch auf den Tanningehalt achten. Zuviel von diesem Gerbstoff macht jede Sauce bitter. Die Grundregel: Je wärmer das Klima, in dem die Trauben gereift sind, desto tanninreicher der Wein. Unproblematisch sind hier, im Gegensatz zu den Weißen, die Weine aus dem Norden. So sind die meisten deutschen Rot-Weine - mit Ausnahme ganz dunkler - ideal für Experimente am Herd.

Die Regeln für den Einsatz der edlen Tropfen sind einfach: Je dunkler das Essen – ob Gemüse oder Fleisch – desto eher kommt Rotwein in Frage. Brokkoli, Spinat, Mangold, Rote Bete und dunkles Fleisch verlangen nach dunklem Wein. Blasse Lebensmittel, zum Beispiel Spargel, Lauch, Fenchel und Fisch, schmecken am besten in - und auch mit - Weißwein.

Lesetipp
In der von Schrot&Korn herausgegebenen Bücherreihe
finden Sie den kleinen Ratgeber
„Bio-Wein"
der viele Fragen auch für Einsteiger leicht verständlich
beantwortet.

Gewürz- und Kräuterküche: Desserts

Zucker allein macht Süßes zwar süß, aber eben nur süß, nicht würzig. Wenn Sie einen eigenen Garten haben, gibt es viele Möglichkeiten, mit wenig Einsatz Geschmack zu verfeinern. Legen Sie zum Beispiel bei Ihrem Sandkuchen einfach ein Storchschnabelblatt (Geranium maculatum) auf den Boden der Form, bevor Sie den Teig einfüllen. Auch Kompott und Marmelade bekommen mit etwas Minze, Basilikum oder auch Myrrhe ein eigenes frisches Aroma.

Legen Sie diese getrockneten Kräuter ebenso wie Vanille, Majoran oder Eisenkraut in Ihre Zuckerdose, erhalten Sie einen interessanten aromatisierten und ganz individuellen Kräuterzucker. Kaffee, Tee, selbstgebackene Kekse und Cremes bekommen dadurch einen leckeren Hauch des jeweiligen Krauts.

Kleine Kräuterkunde: Kardamom

Elettaria cardamomum

In Indien ist Kardamom die „Königin der Gewürze". Nach Safran und der echten Bourbon-Vanille erzielt es weltweit wahrhaft königliche Preise.

Kardamom wuchs ursprünglich wild im Dschungel des südindischen Malabar und in Sri Lanka. Bis zu drei Meter hoch werden die Stengel, an denen die schilf-ähnlichen Blätter wachsen. Die Blüten sind blassgrün und wachsen an den bis zu 60 Zentimeter langen Blü-tensprossen. 15 Millimeter lang sind dann die daraus entstehenden Samenkapseln, die an unsere heimischen Bucheckern erinnern.

Die besten Samenkapseln, die als Gewürz verkauft wer-den, sind grün. Jede enthält 12 bis 20 dunkelbraune hocharomatische Samen. Auf dem Markt finden sich auch weiße Schoten. Sind sie strohfarbig hell, hat die Sonne sie ausgebleicht. Ist ihr Weiß aber von einer weißlichen Blässe, war in der Regel Schwefeldioxid als Bleichmittel am Werk. Diese Samen schmecken euka-lyptusähnlich, schärfer als die der grünen Schoten.

Würzige Inhaltsstoffe und Wirkung

Die Inder benutzen ihn als Kaugummi. Der Grund ist der frische aromatische Geschmack des ätherischen Öls. Auch als Heilmittel genießt Kardamom einen guten Ruf. Er soll gegen Magenbeschwerden wirksam sein.

Einkauf und Lagerung

Am besten kauft man die geschlossenen Kapseln, da sich das Aroma der Samen schnell verflüchtigt. Beim Kauf von Pulver riskiert man nicht nur ein schwächeres Aroma, sondern auch, ein gestrecktes oder verfälschtes zu erwerben.

Verwendung in der Küche

Araber würzen mit Kardamom den Kaffee, Inder nehmen ihn als Hauptzutat der Gewürzmischung Garam marsala und Curry (siehe auch Seite 68).

In Europa kommen die Samen in Gewürzbroten und Weihnachtsgebäck wie Lebkuchen am häufigsten vor. Der herbe, kampferähnliche Geschmack macht sich aber auch ausgesprochen gut in sauer eingelegten Gemüsen, Fischmarinaden und Reisgerichten.

Vanilleeis mit Kardamom

Zutaten für 4 Personen
300 ml Milch, 150 ml Sahne

---

1 Vanilleschote

---

6 zerdrückte grüne Kardamomkapseln

---

4 Eigelb

100g Vollrohrzucker, 1 EL Honig

Zubereitungszeit: 30 Minuten (plus Kühlzeit)

Zubereitung

1. *Milch* erhitzen und *Vanilleschote* hinzufügen.
   Vom Herd nehmen und 10 Minuten ziehen lassen.

2. *Sahne* erhitzen und *Kardamomschoten* ebenfalls
   10 Minuten ziehen lassen. Anschließend die Samen
   entfernen.

3. *Eigelb*, *Zucker* und *Honig* schaumig schlagen, die
   warme Vanillemilch und Kardamomsahne hinzufügen und unter Rühren aufkochen, bis die Masse
   eindickt.

4. In einer Eiscreme-Maschine oder einer Box im Tiefkühlfach (nach 1 Stunde umrühren!) zu Eis frieren.

Kleine Kräuterkunde: Ingwer

Zingiber officinale

Wenn eine Pflanze zur „officinale" gekürt wurde, heißt das, dass sie eine Tradition als Heilmittel hat. So auch beim Ingwer. Als eines der ersten asiatischen Gewürze erreichte er bereits in der Antike die europäische Mittelmeerregion. Im neunten Jahrhundert war Ingwer in Europa ebenso verbreitet wie heute Salz und Pfeffer. Kräuterfachleute der Zeit schrieben ihm eine verdauungs- und magenanregende Wirkung zu, die heute als bestätigt gilt.

Ingwer soll auch die Gemüter erhitzen. Dieser Eigenschaft und nicht der eher gelben Farbe dieses Gewürzes verdanken englische Rothaarige ihren Spitznamen „gingerhead" (Ingwerkopf). Damit wird das Klischee zum Ausdruck gebracht, dass sie temperamentvoller und heißblütiger als Menschen mit anderen Haarfarben sind.

Die Ingwerpflanze ist eine beeindruckende, anderthalb Meter große Schönheit mit länglich-schmalen Blättern und 20 Zentimeter hohen Blütenschäften mit gelb- und lilafarbenen Lippenblüten. Faszinierend anzusehen sind auch die Wurzeln, die als Gewürz verwendet werden. Oft haben sie die Form von menschlichen Händen und heißen entsprechend „hands".

Würzige Inhaltsstoffe und Wirkung

Ingwer duftet zart nach Zitrone und schmeckt süßlich-scharf. Dieser exotische Aroma-Mix entfaltet sich zusammen mit dem ätherischen Öl, dessenHauptbestandteilen Zingiberen und Scharfstoffen sowie den Harzen.

Einkauf und Lagerung

Frische und getrocknete Wurzeln sind als Stückware ganzjährig im Handel. Frischer Ingwer sollte hell und prall sein. Er hält sich im Kühlschrank in Frischhaltefolie eingepackt bis zu vier Wochen. Beim getrockneten Ingwer als Wurzel oder Pulver dominiert eher die würzige als die zitronige Note des frischen.

Verwendung in der Küche

Mit frischem Ingwer (geschält und in dünne Scheiben oder Raspeln geschnitten) würzt man Fisch und andere Meerestiere, Curry- und asiatische Gerichte, Fleisch, aber auch Marmeladen und Gebäck. Getrockneter Ingwer verträgt mehr Hitze als frischer. Beim Kochen verliert er schnell sein Aroma. Getrocknet ist dieses Gewürz eine beliebte Zutat zu Pickles und Marinaden, Ingwerpulver zu Fisch, Fleisch, Obst und Süßspeisen.

Heidelbeeren mit Ingwer-Reis

Zutaten für 4 Personen

300g Heidelbeeren

1 Tasse Vollkornreis

1 Prise Meersalz

2 Msp frisch geriebenen Ingwer

2 EL Honig

1 EL Vollrohrzucker

3 EL Orangensaft

Zubereitungszeit: 1 Stunde

Zubereitung

1. *Milch* mit *Salz* und *Ingwer* würzen und zum Kochen bringen.

2. Den *Reis* unterrühren und zugedeckt bei schwacher Hitze etwa 40 Minuten quellen lassen.

3. *Honig* und *Orangensaft* zu dem Milchreis geben.

4. Die *Heidelbeeren* mit *Zucker* bedecken und zugedeckt etwa 15 Minuten ziehen lassen.

5. Abwechselnd Reis und Heidelbeeren entweder in eine Glasschale oder in 4 Dessertschalen füllen.

Kochen mit ätherischen Ölen

Der Einsatz von ätherischen Ölen in der Küche ist immer noch außergewöhnlich und exotisch. Wenn Sie also eine Karotten-Rosen-Suppe oder ein Bergamotte-Sorbet servieren, dann können Sie sicher sein, dass Ihre Gäste davon beeindruckt sind. Und das Beste dabei: Es ist gar nicht schwer zuzubereiten. Es ist sogar einfacher als Kräuter und Gewürze geschickt einzusetzen.

Dabei sollen ätherische Öle keineswegs frische Kräuter oder Gewürze ersetzen, die dem Essen auch wertvolle Vitamine und Mineralstoffe schenken. Sie sind vielmehr eine Ergänzung , die dezent den Geschmack der Speisen betont. Und sie sind die idealen Partner der schnellen Küche – ohne viel Arbeit kann man beispielsweise Joghurt und Quark einen Hauch von Orange oder Zitrone geben, ohne diese vorher gewaschen, abgerieben und abgeraspelt zu haben. Zu beachten gilt lediglich:

1. Vorsichtig dosieren! Nachwürzen ist jederzeit möglich. Bei sehr intensiven Aromen (z.B. Zimt) genügt schon ein Hauch. Den erreicht man am besten, indem man einen Tropfen des Öls auf einen Teelöffel gibt und abtropfen läßt. Mit dem am Löffel haftenden Rest wird dann das Essen aromatisiert.

2. **Bei warmen Gerichten** die ätherischen Öle erst kurz vor dem Servieren hinzuzufügen, da sie sich schnell verflüchtigen. Damit man die Öle optimal an das Essen „bindet", löst man sie in Eigelb, Speiseöl, Butter, Sahne, Senf, Essig, Alkohol oder Honig auf.

3. Benutzen Sie zum Kochen ausschließlich **hochwertige Öle**. Gestreckte, gefälschte oder synthetisch hergestellte schmecken nicht nur weniger aromatisch sondern können auch zu Reizungen und Unverträglichkeiten führen.

Lesetipp
Viele Rezepte und Anregungen zum Umgang mit ätherischen Ölen, Aromatherapie, Warenkunde und Rezepte finden Sie in dem in dieser Reihe erschienen

Buch:
„Aroma für Leib & Seele"
Christine Guist & Harry Assenmacher
ISBN 3-9806743-0-4, 144 Seiten, 5,00 DM

Gewürz- und Kräuterküche:
Getränke

Der Mensch lebt – wenn's ums Trinken geht – nicht von Wasser allein. (Obwohl er das zum Beispiel beim Fasten kann.) Es gibt aber immer wieder Anlässe, bei denen es etwas Besonderes sein soll.

Bei kaltem Schmuddelwetter schmeckt eine Tasse Tee ohne Frage besser als heißes Wasser und wenn's mal ganz heiß ist, erfrischen fruchtige oder zitronige Getränke überzeugender als ein Schluck aus der Leitung.

Und wenn man sich etwas ganz Besonderes gönnen möchte, würzt man Wasser, Saft, Wein, Tee, Kakao oder Kaffee – und stellt fest, daß für jeden Anlaß das richtige Kraut gewachsen ist: Herb-Würziges als Abschluß eines üppigen Essens, Süßes am Nachmittag zum Einläuten des Feierabends, Saures zum Aufwecken der erschlafften Lebensgeister... Die Kombinationsmöglichkeiten sind ebenso unerschöpflich wie die Anlässe.

Wir wollen Ihnen hier einige Anregungen für müßige Stunden und Streicheleinheiten für Gaumen, Leib und Seele geben.

Kleine Kräuterkunde: Minze

Frische grüne Minzblätter sind die Zierde vietnamesischer Frühlingsrollen und eine wichtige Zutat des libanesischen Tabbouleh. In Nordafrika, im Nahen Osten, in Indien und Südostasien ist ihr erfrischender Geschmack aus den Küchen nicht wegzudenken. Sie würzen Currys, Chutneys, Sis Kebabs, Joghurts, Salate und Saucen.

So viel zu den weitaus interessanteren internationalen Verwendungen der Minze. In Deutschland fristet sie in der Regel ein verkanntes und bescheidenes Dasein als Tee für kalte Tage oder als Kranken-Getränk.

Minze ist mehrjährig, stammt aus der Mittelmeerregion und gedeiht dort derart üppig, daß man sie so manches Mal als Un-Kraut schimpft. Wäre da nicht dieser herrlich erfrischende Duft. Es gibt über 25 verschiedene Arten, die mal nach Apfel duften, mal an Zitronen erinnern.

Pfefferminze und Krauseminze eignen sich aufgrund ihres starken Aromas am besten als Küchenkräuter. Eingang in die deutsche Küche fanden und finden sie am besten als Gewürz für kalte und warme Suppen, Saucen und Gemüse (Zucchini, Kohl, Gurken, Erbsen, Tomaten), Kartoffelsalat, Fleisch, Fisch und Eiscreme. Minze schmeckt ausgezeichnet in Verbindung mit Zitrone, verträgt sich aber aufgrund ihres starken Eigengeschmacks schlecht mit anderen Würzmitteln.

Pfefferminze verdankt ihren unverwechselbaren Geruch und ihre Heilkräfte dem Menthol. Der Krausen Minze fehlt dieser Stoff. Ihre Beliebtheit verdankt sie allein ihrem kräftigen Aroma.

Aus Pfefferminzöl kann bis zu 92% Menthol gewonnen werden. Das begründet ihren Ruf als Heilpflanze. Sie hilft bei Koliken, Gallenblasenbeschwerden und Krämpfen, wirkt antiseptisch, anregend, schleimlösend, magenberuhigend und abführend. In kleinen - normalen - Dosen fördert Minze das Einschlafen, große Mengen Menthol wirken dagegen aufputschend.

Minze kann trocken und frisch verwendet werden. Getrocknete Blätter sind dunkelgrün und halten sich in einem luftdicht verschlossenen Gefäß an einem dunklen Ort bis zu zwei Jahre. Frische hingegen halten sich lediglich einige Tage im Kühlschrank.

Kleiner Gartenkräuter-Tipp: Minzeblätter haben mehr Aroma, wenn sie vor der Blüte gepflückt werden.

Grüner Minze-Tee

Zutaten für 4 Portionen
3/4 l heißes Wasser

6 TL grüner Tee

1 Bund frische Minze

Zubereitungszeit: 5 Minuten

Zubereitung

1. *Grünen Tee* wie gewohnt zubereiten und zum
   Schluß die frische Minze als Bund in die Teekanne
   geben, so kann sie nach Belieben wieder entfernt
   werden.

Kräutertees wirken - heiß oder kalt getrunken - besonders erfrischend. Auch der grüne Minze-Tee schmeckt
eisgekühlt hervorragend.

   Besonders ausgefallen und lecker ist die Variante,
den Tee mit Eiswürfeln zu kühlen, in die ein Minze-
Blättchen eingefroren wurde. Wenn Sie's bunter haben
wollen, können Sie auch Gänseblümchen oder
Borretschblüten (wie in unserem Rezept auf Seite 66)
zu Eis erstarren lassen.

Kleine Kräuterkunde: Borretsch
Borago officinalis

Es ist wieder in Mode gekommen, Essen mit bunten Blüten anzurichten. Sommersalate und Suppen sehen dabei nicht nur herrlich appetitlich-exotisch aus, sondern können mit Hilfe der Blüten auch noch eine ganz besondere Geschmacksnote erhalten.

Besonders gut geht das mit den hübschen Borretschblüten. Ursprünglich stammen sie aus dem Mittelmeerraum, sollten heute aber auch in keinem deutschen Garten mehr fehlen. Ein Grund: Bienen lieben diese Pflanze. Ein anderer: Sie sind wunderhübsche Pflanzen, die von Mai bis Oktober mit zarten, feingliederigen dunkelblauen bis violetten Blüten prächtig blühen.

Allein vor ihren Blättern muß man sich etwas in Acht nehmen. Sie haben kleine spitze Härchen, die die Haut reizen können – das aber bei weitem nicht so stark wie Brennesseln.

Würzige Inhaltsstoffe und Wirkung

Das ätherische Öl des Borretschkrauts soll Fieber senken und Halsschmerzen lindern. Seinen Schleim- und Gerbstoffen wird eine Herz- und Hirnstärkung zugeschrieben.

Einkauf und Lagerung

Im Handel sind Borretschblüten und -blätter sehr selten zu finden. Konserviert verlieren sie sehr schnell ihr Aroma. Dennoch empfiehlt es sich bei Blüten aus dem eigenen Garten, einige zu trocknen und als Tee bei Erkältungen zu trinken.

Verwendung in der Küche

Die Blätter des Borretschkrauts duften nach Gurken und schmecken in Suppen und Salaten, vor allem in Gurkensalaten. Borretsch ist eines der sieben Kräuter der berühmten „Frankfurter Grünen Soße". Auch Joghurt, Käsecreme, Kräuterbutter und Quark schmecken mit Borretsch besonders frisch.

Wegen der borstigen, hautreizenden Härchen sollten nur junge und zarte Blätter im Topf landen. Die Blüten sind eher süß und verleihen Salaten und Erfrischungsgetränken eine frische und sehr hübsch anzusehende Note.

Sekt mit Borretschblüten auf Eis

Zutaten für 4 Personen

1 EL Zucker
4 EL Wasser
8 Borretschblüten
1 EL Zitronensaft
Sekt

Zubereitungszeit: 10 Minuten (plus Kühlzeit)

Zubereitung

1. *Zucker* im *Wasser* kurz aufkochen und abkühlen lassen.

2. *Borretschblüten* waschen und je eine Blüte in die Kammer eines Eiswürfelbehälters legen.

3. Vorsichtig etwas Zuckerwasser darübergießen und die Blüten einige Stunden darin gefrieren lassen.

4. In Cocktailschalen oder Sektgläser etwas *Zitronensaft* gießen, die Borretschblüten-Eiswürfel verteilen und mit *Sekt* auffüllen.

Ayran mit Kardamom

Zutaten für 4 Personen

450 ml Joghurt

450 ml Mineralwasser

Samen von 8 Kardamomschoten

Zubereitungszeit: 5 Minuten

Zubereitung

1. Mit einem Schneebesen *Joghurt* und *Wasser* schaumig schlagen.

2. *Kardamomsamen* hineingeben und lauwarm oder eisgekühlt servieren.

Gewürzmischungen selbstgemacht

Tja, schweigen wir hier lieber von den deutschen Würz-mischungen. Da können wir von anderen Küchen der Welt einiges lernen. Sie kombinieren Gewürze geschickt miteinander und haben somit immer ganz individuelle Aromen parat. Einige dieser Mischungen haben es zu weltweitem Erfolg und Ruhm gebracht, wie Curry, Salsa oder Tabasco. Schauen wir ihnen doch mal auf die Finger und in die Töpfe.

Curry
(mittelscharf)

5 getrocknete, entkernte rote Chilis
2 EL Koriandersamen, 2 TL Kreuzkümmelsamen
1 TL schwarze Pfefferkörner, 1 TL Bockshornklee-samen
3/4 TL Ingwerpulver
1 EL gemahlenen Kurkuma
1/4 TL gemahlene Gewürznelken

Alle Gewürze in der Pfanne (ohne Fett!) rösten, bis sie dunkel werden. Häufig umrühren. Wenn die Gewürze abgekühlt sind in einem Mörser mahlen.

In einem luftdichten und dunklen Gefäß können Sie das Currypulver drei bis vier Monate aufbewahren.

Chinagewürz
(sehr würzig, sparsam verwenden)

1 Zimtstange, 1 TL-Gewürznelken
1 TL geriebene, getrocknete Ingwerwurzel
1 EL Fenchelsamen, 1 EL Sternanis

Alle Zutaten zusammen mahlen. In einer dunklen
und luftdichten Dose bis zu vier Monaten haltbar. Es
schmeckt zu allen asiatischen Speisen.

Puddinggewürz
(Süßes nach britischem Vorbild)

1/2 Stange Zimt
1 EL Gewürznelken
1 EL geriebene Muskatnuss
1 EL Koriandersamen
1 TL Ingwerpulver

Alle Gewürze zu einem feinen Pulver zermahlen und
gut miteinander vermischen.

Diese Mischung paßt ausgezeichnet zu Kuchen,
Biskuits, Obstsalat und selbstverständlich zu Pudding
und anderen Cremes.

(Weitere Rezepte finden Sie auf den Seiten 71 bis 73!)

Ganz schön scharf...

Wieso sind in heißen Regionen die schärfsten Gewürze, die Tränen in die Augen und weitere Schweißperlen ins Gesicht treiben, denn so beliebt? Die Antwort liegt quasi auf der Haut: Je heißer das Essen, desto mehr kühlender Schweiß tritt aus den Poren. Zudem regen scharfe Gewürze Stoffwechsel und Darmtätigkeit an – Mahlzeiten werden leicht verdaut und liegen bei brütender Hitze nicht so schwer im Magen.

Die Schärfe verdanken Chili, Tabasco, Harissa und auch Cayennepfeffer dem Paprika und dessen Alkaloid Capsaicin. Seine Schärfe läßt sich sogar noch nachweisen, wenn man 1 Gramm davon in 10.000 Liter Wasser mischt. Um die Schärfe zu mildern, hilft nur Fetthaltiges, Joghurt, Brot, gekochter Reis, Zucker oder Süßigkeiten. Sie sind wirksamer als Wasser, da Capsaicin nicht wasserlöslich ist.

Harissa
das tunesische Nationalgewürz

250g getrocknete Chilischoten
15 Knoblauchzehen
5 TL Kümmel
5 TL gemahlener Kreuzkümmel
5 TL Koriander
4 TL Salz
80 ml Olivenöl

Zubereitung

1. *Chilischoten* in warmem Wasser ca. 1 Stunde einweichen, abtrocknen, Stiele und Samen entfernen und würfeln.

2. *Knoblauch* schälen und feinhacken. Zusammen mit Chilischoten, *Kümmel, Kreuzkümmel, Koriander* und *Salz* im Mörser zu einer Paste verarbeiten.

3. Unter Rühren *Olivenöl* hinzufügen, bis die Sauce das Öl vollständig aufgesogen hat.

4. Harissa in ein Schraubglas füllen, mit Olivenöl bedecken und (immer!) vorsichtig dosieren. Schmeckt feurig-lecker in Suppen, Salaten, Eintöppfen, Saucen, zu Fisch, Reis und Eiern.

Tabil

tunesisches Gewürz

1 EL Koriandersamen
6 Knoblauchzehen
1/2 TL schwarze Pfefferkörner
1 TL getrocknete rote Chilis
1 TL Kümmelsamen

1. Die *Knoblauchzehen* abziehen und zusammen mit den anderen *Gewürzen* in einem Mörser zerstoßen.

2. Die Mischung auf einem Backblech verteilen und bei 100°C etwa eine halbe Stunde trocknen lassen.

3. Abkühlen lassen und weiter im Mörser zu einem feinen Pulver zerreiben.

Diese Gewürzmischung schmeckt ausgezeichnet zu allen pikanten Gerichten und macht schlicht Deftiges exotisch-feurig.

Cajun
Scharfes aus Louisiana/USA

1 Zwiebel
2 große Knoblauchzehen
2 TL Paprikapulver
1 TL gemahlener Pfeffer
1 TL Kreuzkümmel
1 TL Cayennepfeffer
2 TL Basilikum (oder auch Salbei)
2 TL Meersalz

1. Die *Zwiebel* und *Knoblauchzehen* abziehen, beide sehr fein hacken und miteinander gut vermischen.

2. Die anderen Zutaten dazugeben. Möglichst frisch verwenden.

Diese amerikanische Gewürzmischung paßt zu gegrilltem Gemüse, Fleisch und Fisch, Eintöpfen und Reisgerichten.

Kräuter rund ums Jahr
Frühling & Sommer

Region und Saison sind die beiden Begriffe, die sich bezüglich Urlaubs- und Ferienzeiten fest in den Köpfen verankert haben. Umgekehrt sind wir daran gewöhnt, Lebensmittel weitgehend unabhängig von Jahreszeit und Ort erhalten zu können.

Ein reges Import- Exportgeschäft sowie ein ausgefeiltes Logistik-Netz sind dafür die Voraussetzungen. Der Preis, den die Umwelt dafür zu zahlen hat, ist mittlerweile offensichtlich: Das Einfliegen der Lebensmittel für Otto Normalverbraucher zerstört die Ozonschicht, der Anbau artfremder Pflanzen in Regionen, in denen lediglich das Klima ideal ist, bringt die dortige Vegetation durcheinander. Was also oft als Lifestyle verkauft wird – Erdbeeren, Spargel bis hin zu Basilikum und Minze stets frisch haben zu können, wann immer es das Herz begehrt – ist letztendlich lebens- und umweltfeindlich.

Selbst „Feinschmecker" müssten sich davon überzeugen lassen. Vielleicht nicht gerade mit den Umweltargumenten (leider), aber mit Tatsachen, die ihren edlen und sensiblen Gaumen betreffen. Wenn Spargel oder Erdbeeren im Mittleren Osten angebaut werden, damit sie auch noch im Winter bei uns erhältlich sind, dann wachsen sie in fremden Ökologien und entwickeln ohne ihre natürliche Umgebung kaum ihr typisches Aroma. Auf den stunden- oder tagelangen Transporten verlieren sie dann auch noch den größten Teil dieses sowieso eingeschränkten Geschmacks.

Ganz zu schweigen von den gesundheitlich bedeutenden Inhalten. Vitalstoffe sind wahre Sensibelchen. Sie entwickeln sich nur dann optimal, wenn sie natürlich und in Ruhe gedeihen können. Das fällt ihnen schwer, wenn Anbau und Verarbeitung der Pflanzen auf Masse, nicht auf Klasse ausgerichtet sind. Angefangen bei der vielleicht zu starken Sonne über die Düngergaben bis hin zum erwähnten Transport.

Die Alternative liegt in der Entdeckung der Langsamkeit, der natürlichen Rhythmen und Zyklen sowie des heimischen Angebotes. Das hat gleich mehrere Vorteile. Erstens nehmen wir wieder Kontakt mit unserer direkten Umgebung auf. Zweitens ist es wesentlich spannender, jedes Jahr aufs Neue auf den ersten Spargel, die erste sonnengereifte Erdbeere oder das erste grüne Kräuter-Blättchen zu warten. Man schätzt nur, was man nicht täglich überreichlich hat. Und so ist die langsam, über Monate stärker gewordene Sehnsucht das Vorspiel für den ersten Bissen – der wahre kulinarische Kitzel für die echten Gourmets.

Frühling und Sommer: Was gibt's Neues

Eigentlich alles, was unser Herz begehrt. In Wald und Flur wachsen jetzt viele Wildkräuter, frisch und nach Frühling riechend und schmeckend. Die Gärten blühen auf, die ersten Blättchen sprießen und schmecken in den nun wieder frischen Salaten herrlich.

Einige heimische Kräuter für Küche und Gesundheit

Basilikum (Ocinum basilicum) ab Juli
Beifuß (Artemisia vulgaris) ab Mai
Borretsch (Borago officinalis) ab Mai
Brennessel (Urticaceae) ab März, April
Dill (Anethum graveleons) ab Juni
Engelwurz (Angelica archangelica) ab April, Mai
Estragon (Artemisia dracunculus) ab Juni
Fenchel (Foeniculum vulgare) die Früchte ab Juli
Gänseblümchen (Bellis Perennis) ab März
Gartenkresse (Lepidium sativum) ab März, April
Giersch (Aegopodium podagraria) immer
Gundermann (Glechoma hederaceum) ab März
Kamille (Chamomilla recutita) ab Mai
Kapuzinerkresse (Tropaeolum majus) ab Juni, Juli
Knoblauch (Allium sativum) Blätter ab Juni,
Zwiebeln ab Juli/August
Knoblauchsrauke (Alliaria petiolata)
Labkraut (Rubiaceae) ab März, April
Liebstöckl (Levisticum officinale) ab Mai

Löwenzahn (Taraxacum officinale) ab März
Lorbeer (Laurus nobilis) immer
Majoran (Origanum majorana) ab April, Mai
Melisse (Melissa officinalis) ab Juni
Minze (Mentha) ab Mai
Oregano (Origanum vulgare) ab April
Petersilie (Petroselinum crispum) ab April
Pimpinelle (Sanguisorba minor) ab März, April
Rauke (Eruca sativa) ab Mai
Ringelblume (Calendula officinalis) ab Juni
(nur die Blütenblätter)
Römische Kamille (Chamaemelum nobile) ab Mai
Rosmarin (Rosmarinus officinalis) ab April
Salbei (Salvia officinalis) ab Mai
Sauerampfer (Rumex rugosus) ab April
Schnittlauch (Allium schoenoprasum) ab April, Mai
Thymian (Thymus vulgaris) ab April
Vogelmiere (Stellaria media) das ganze Jahr über
Weißdorn (Rosaceae) ab März
Wermut (Artemisia absinthum) ab April

Das Frühlings-Rezept
Brennesselsuppe mit Dill

Zutaten für 4 Personen

300g junge Brennesselblätter
200g Kartoffeln
1 EL Butter
1 TL Mehl
1 l Gemüsebrühe
2 TL gehackter Dill
1 TL gehackte Petersilie
3 EL Saure Sahne
Meersalz & schwarzer Pfeffer

Zubereitungszeit: 40 Minuten

Zubereitung

1. Die *Brennesselblätter* verlesen und mit kochendem Wasser überbrühen. Anschließend mit kaltem Wasser abschrecken und grob hacken.

2. Die *Kartoffeln* schälen und in kleine Würfel schneiden.

3. In einem Topf die *Butter* erhitzen, das *Mehl* hinzufügen und kurz anrösten. Die *Brennesseln* hinzugeben und 5 Minuten dünsten lassen.

4. Mit der *Gemüsebrühe* auffüllen und zum Kochen bringen.

5. Die Kartoffelwürfel hineingeben und weitere 10 Minuten köcheln lassen, bis die Kartoffeln weich sind.

6. Die *Kräuter* unterrühren und die Suppe mit der *sauren Sahne, Salz* und *Pfeffer* abschmecken.

Das Sommer-Rezept
Pflaumenauflauf mit Zitronenmelisse

Zutaten für 4 Personen

850g Pflaumen

250g Quark

150g Vollrohrzucker (oder Honig)

5 EL Milch

3 Eier

250g Haferflocken fein

2 TL Butter

20g Mandelsplitter

3 EL frische, gehackte Zitronenmelisse

Zubereitungszeit: 30 Minuten (plus Backzeit)
Abb: Zitronenmelisse

Zubereitung

1. *Pflaumen* waschen und entsteinen

2. Die *Milch* zum Kochen bringen und über die *Haferflocken* gießen.

3. *Eier* trennen. *Eigelb* mit dem *Zucker* schaumig schlagen und den *Quark* unterrühren.

4. Das *Eiklar* zu festem Schnee schlagen.

5. *Haferflocken* und dann den Eischnee unter die Quarkmasse heben.

6. Eine Auflaufform mit *Butter* ausstreichen und den Boden mit 1 EL *Zitronenmelisse* bestreuen.

7. Die *Pflaumen* und die restliche *Zitronenmelisse* unter die Quarkmasse heben und in die Form füllen.

8. Die *Mandelsplitter* über den Auflauf streuen und diesen bei 180°C eine Stunde backen.

Wildkräuter sammeln

Ein Kraut beim Namen nennen zu können hieß früher,
Macht darüber und über seine Wirkung zu haben.
So die Legende und der Glaube aus früheren Tagen.
Will man alle heute erfassten Kräuter und Gewürz-
pflanzen kennen, muß man schon Botanik studieren.
Will man Kräuter in der freien Wildbahn sammeln,
sollte man das auch tun – eingeschränkt natürlich.
Gute Bestimmungsbücher, regelmäßige Besuche in botanischen Gärten, Kurse und Gespräche mit Kräuter-
fachfrauen und -männern sind als kleines privates Stu-
dium empfehlenswert.

Es gibt dabei ein paar Regeln, für die man kein Lehr-
buch braucht. Der gesunde Menschenverstand gebietet,
heutzutage zwischen Fundorten zu unterscheiden.
Kräuter sollten selbstredend nur da gesammelt werden,
wo im direkten Umfeld keine stark befahrenen Stra-
ßen, Fabriken, mit Chemie arbeitende Bauernhöfe oder
Tiergehege sind. Ideale Fundorte sind einsame Wiesen-
ränder, Bachufer, Hecken, trockene Hänge, Brachflä-
chen und Feldränder.

In Zeiten der Umweltzerstörung und des Artenster-
bens sollten auch die Vorschriften des Naturschutzes
berücksichtigt werden. Arnika, Tausendgüldenkraut,
Enzian oder auch seltene Thymian-Arten scheiden also
von vornherein aus. Apotheken und auch Kräuter- und
Samenhändler helfen da weiter.

Selbst bei den nicht geschützten und ungefährdeten Pflanzen sollten grundsätzlich nie die Wurzeln mit ausgegraben werden, denn damit wird die ganze Pflanze vernichtet. Um so wenig Schaden wie möglich anzurichten, empfiehlt sich eine Schere, mit der ganz gezielt einige Blätter oder Blüten abgeschnitten werden können. Auch sollten nicht alle Blätter oder Blüten abgeschnitten werden. Es müssen immer so viele übrig bleiben, daß die Pflanze weiterwachsen und erneut Blüten und Früchte ansetzen kann.

Eine empfehlenswerte Sammelzeit – das gilt nicht nur für die Kräuter in der freien Landschaft, sondern auch für die im eigenen Garten – ist der Vormittag, kurz nachdem der Morgentau abgetrocknet ist. Keinesfalls sollten Kräuter nass gesammelt werden.

Zum Transport eignen sich offene geflochtene Körbe am besten, aber auch Leinenbeutel leisten gute Dienste. Längere Transporte, gar über mehrere Tage, überlebt kaum ein Kraut. Es sei denn, man hat Plastiktüten, eine Kühltasche und gut funktionierende Kühlelemente zur Hand.

Die geernteten Kräuter sollten so schnell wie möglich getrocknet oder eingelegt werden, um dem Verflüchtigen der wertvollen Inhaltsstoffe und des Aromas zuvorzukommen.

Kräuter richtig konservieren

Auch die schönsten und üppigsten Zeiten haben mal ein Ende. Wenn der Herbst kommt, ist es höchste Zeit, die letzten grünen Kräuter aus dem Garten oder vom Markt zu holen und sie geschickt über den Winter zu bringen. Das ist in der Regel nicht schwer, der Nutzen dagegen hoch. Denn wer sich darauf versteht, die einzelnen Kräuter richtig zu konservieren, wird auch in der kalten Jahreszeit Suppen, Salate und Co. mit einem satten und frischen Frühlings- und Sommeraroma genießen können.

Trocknen, einfrieren, in Öl, Essig oder Salz einlegen sind die gebräuchlichsten Konservierungsmethoden für Kräuter.

Trocknen

Zum Trocknen sollten die Kräuter grün geschnitten werden, in der Regel gebündelt und kopfüber aufgehängt getrocknet werden. Dabei sollten sie nicht der prallen Sonne ausgesetzt sein, da sie ansonsten viel von ihrem Aroma verlieren. Die ideale Trockentemperatur übersteigt nicht 35 Grad.

Auch sollte gewährleistet sein, daß die Kräutersträuße während der zwei- bis dreiwöchigen Trockenperiode nicht einstauben oder nass und dadurch schimmelig werden.

Steht kein geeigneter Raum zur Verfügung, kann man die Kräuter auch im Backofen trocknen. Das erfordert allerdings etwas Fingerspitzengefühl und Erfahrung. Die Temperatur muß geschickt zwischen 30 und 40 Grad gehalten werden und die abdampfende Feuchtigkeit immer wieder aus dem Backofen gelassen werden. Das ganze Verfahren kann bis zu zwölf Stunden dauern! Abgeschlossen ist die Konservierung, wenn die Blättchen bei Berührung knistern.

Eine Ausnahme ist Petersilie. Sie muß schneller und bei höheren Temperaturen als andere Küchenkräuter getrocknet werden. Im Backofen bei 95°C behält sie viel von ihrer Farbe und einen Teil ihres Aromas.

Anschließend an die Trocknung sollten die Blätter unzerkleinert in ein luftdichtes und lichtundurchlässiges Gefäß gegebenund an einem kühlen Ort aufbewahrt werden, damit Feuchtigkeit ihre Inhaltsstoffe nicht verdirbt.

Nicht allen Würzkräutern bekommt diese Art der Konservierung gleich gut. Während Basilikum, Pfefferminze, Kamille, Bohnenkraut, Lavendel, Majoran, Oregano, Rosmarin und Thymian kaum an Würzkraft verlieren, verblassen Kerbel, Borretsch, Fenchel, Dill, und Pimpinelle. Das kann am Herd durch großzügigere Zugabe aber wieder ausgeglichen werden.

Auf diese Weise konserviert halten sich die Kräuter bis zu einem Jahr – auf jeden Fall bis zur nächsten Frische-Saison.

Einsalzen

Dazu werden die Kräuter getrocknet, aber nicht zerkleinert, und in Kochsalz eingelegt. Die Faustregel dabei: pro Kilogramm Kräuter werden 180 Gramm Salz verwendet. Das Ergebnis: ein Kräutersalz – eher Kräuter als Salz – ganz nach eigenem Geschmack.

Einfrieren

Zeitgemäß und schnell ist das Überwintern der Gewürze im Tiefkühlfach. Besonders geeignet sind dafür Petersilie, Schnittlauch, Dill, Kerbel, Basilikum, Borretsch, Sellerie und Liebstöckl.

1. Die Kräuter säubern.

2. Die Stiele entfernen und die Blätter kleinhacken und in Gefrierbeutel oder kleine Dosen füllen. Mit Wasser bedecken und sofort ins Tiefkühlfach legen. Praktisch ist die Methode, die Kräuter in Eiswürfelschalen zu füllen und mit Wasser zu bedecken. Dann können beim Kochen einfach die passenden Portionen herausgedrückt werden.

Tiefgefrorene Kräuter sollten nicht länger als ein halbes Jahr aufbewahrt werden. Danach schmecken sie kaum noch und sehen auch nicht mehr so appetitlich aus.

In Essig oder Öl einlegen

Kräuter lassen sich nicht nur wunderbar in Essig oder
Öl konservieren, sondern geben diesen auch umgekehrt ein unverwechselbares Aroma. Die Kräuteressige
und Aromaöle sind ideale Gewürze für Salate und
andere Gerichte, aber auch wunderschön anzusehen.
Und dabei sind sie auch schnell und leicht gemacht:

1. Nehmen Sie ein neutrales Öl wie Sonnenblumen-
   oder Erdnussöl. Bei den Essigen empfiehlt sich ein
   milder Weißwein- oder Obstessig

2. Binden Sie ein kleines Kräutersträußchen (z.B. ein
   paar Rosmarinzweige, Thymian, etwas Bohnenkraut
   und Lorbeer) und schieben Sie dieses in die
   Ölflasche.

3. Stellen Sie die Flasche an einen dunklen Ort und
   lassen Sie sie ein bis zwei Wochen ziehen. Essig
   und Öl haben dann bereits viel Aroma angenommen
   und werden mit jedem Tag besser. Die Kräuter können Sie also gerne darin lassen, bis der letzte Tropfen aufgebraucht ist.

Achten Sie auf eventuelle Schimmelbildung.

Die Kräuteröl-Paste

Viele würzige Kräuter wie Basilikum oder Bärlauch lassen sich schnell und einfach verarbeiten, ohne dass die Aromen verloren gehen.

1. Waschen Sie die Blätter gründlich ab und zerreiben Sie sie langsam im Mörser.

2. Sobald sich eine pastenähnliche Konsistenz ergibt, geben Sie ein paar Tropfen Olivenöl dazu und vermischen Sie diese gründlich mit dem Kräuter-Brei.

3. Füllen Sie den Brei in lichtundurchlässige Gefäße und bedecken Sie ihn mit Olivenöl. Am besten bewahren Sie alles im Kühlschrank auf. So haben Sie den ganzen Winter über ein frisches aromatisches Gewürz zur Hand, ohne dass dieses aus dem fernen Osten, Westen oder Süden oder aus einem Treibhaus stammt.

Kräuter rund ums Jahr
Herbst & Winter

Die richtig üppigen Zeiten sind jetzt - zumindest "von Natur aus" - in unseren Breitengraden vorbei. Wer richtig vorgesorgt hat, muß nicht auf die Importe der Supermärkte bauen. Und wer die eigene Ernte verschlafen hat oder gar nicht die Möglichkeit dazu hatte – im Bio-Laden gibt es auch noch jede Menge Würziges und Krautiges für die Töpfe.

Einige Pflanzen zeigen sich auch winterhart. Hat man das Glück des eigenen Gärtchens, kann man hier noch einiges retten:

Herbstlich-winterliche Kräuter ernten:

Fenchelsamen (Foeniculum vulgare) ab September

Giersch (Aegopodium podagraria) immer

Gundermann (Glechoma hederaceum) bis Oktober

Kamille (Chamomilla recutita) bis Oktober

Kerbel (Anthriscus cerefolium) bis in den Frühling

Lorbeer (Laurus nobilis) ist immer grün

Petersilie (Petroselinum crispum) hält sich bis zu -10°C

Safran (Crocus sativus) ab September, Oktober

Salbei (Salvia officinalis) bis Oktober

Sauerampfer (Rumex rugosus) bis November
(wird im Alter immer bitterer)

Schnittlauch (Allium schoenoprasum)
an geschützten Stellen immer

Vogelmiere (Stellaria media) das ganze Jahr über

Die Frische von der Fensterbank

Gerade im Herbst und Winter brauchen wir viele Vitamine, um uns gegen Erkältungen und Schnupfen zu wappnen. Viele Kräuter verfeinern unsere Speisen nicht nur mit ihrem Aroma, sondern enthalten auch wertvolle Vitalstoffe, die uns gesünder durch die kalte Jahreszeit bringen. Da sie selbst Kälte auch nicht gut vertragen, fühlen sie sich auf unseren Fensterbänken wohler als draußen und verdienen – bedenkt man ihre kulinarischen und gesundheitlichen Vorzüge – diesen Ehrenplatz allemal.

▸ Topfen Sie Jungpflanzen am besten im September ein.

▸ Verwenden Sie gute Qualitätserde, möglichst ungedüngt und erleichtern Sie den Kräutern das Wachstum durch regelmäßiges Gießen.

▸ Stellen Sie die Töpfe im Haus so dicht wie möglich ans Fenster aber so weit wie möglich von der Heizung. Kräuter vertragen direkte Hitze nicht.

Weihnachtliche Aromen und Gewürze

Wer mag sie nicht, die weihnachtlichen Düfte, die durch die Wohnung ziehen und von den nahenden Feiertagen künden? Der Gedanke an Zimt und Nelken, Tannen und Kerzen, frisch gebackene Kekse und Christstollen lässt nicht nur Kinderherzen höher schlagen.

Jede Region hat ihre Backspezialitäten. Die bekanntesten und ältesten sind wohl Lebkuchen und Christstollen. In Süddeutschland kennt, backt und isst man aber auch gern die „Springerle"-(Eierteig), „Ausstecherle"-(Butterbackwerk) oder auch „Hutzelbrot" (Schnitzbrot mit viel Dörrobst).

Die typischen Gewürze dieser klassischen Weihnachtsleckereien sind Anis, Honig, Zimt und Nelken, aber auch abgeriebene Schalen von Zitronen und Orangen.

Einige der traditionellen Rezepte finden Sie in dem in dieser Reihe erschienen

Buch:
„Winterliche Festtagsküche"
verlag gesund essen
ISBN 3-9806429-0-9, 144 Seiten, 5,00 DM

Apfel-Punsch

Zutaten für 4 Personen
1 Apfel

---

4 TL schwarzer Tee

3/4 l Wasser

---

1 Msp Zimt

---

1 Gewürznelke

---

2 TL Honig

Zubereitungszeit: 10 Minuten

Zubereitung

1. *Apfel* schälen, vierteln und entkernen. Das Fruchtfleisch in kleine Würfel schneiden und im *Wasser* aufkochen.

2. Den *Tee* in ein Teenetz geben und im Wasser 3–5 Minuten ziehen lassen.

3. Das Teenetz entfernen und den Punsch mit *Zimt*, *Nelken* und *Honig* würzen.

Weihnachtskekse mit Ingwer

Zutaten für 40 Kekse

125g Vollrohrzucker
1 TL Ingwer (frisch gerieben)
1 Zitrone
3 Eier
175g Weizenvollkornmehl
1 Msp Weinstein-Backpulver

Zubereitungszeit: 20 Minuten
(plus gut 2 Stunden Ruhe- und Backzeit)

Zubereitung

1. Zucker, Ingwer und die abgeriebene Schale der Zitrone gut vermischen. Die Eier trennen und das Eiweiß steif schlagen. Unter das Zuckergemisch heben. Nach und nach Eigelb unterrühren.

2. Backpulver unter das Mehl mischen und in die Eiercreme rühren. Mit einem Löffel Kekse formen und auf das gefettete, mit Mehl bestreute Backblech setzen.

3. Die Kekse bei 150°C etwa 50 Minuten hellbraun backen.

Schoko-Zimt-Makronen

Zutaten für 30 Makronen

125g Vollrohrucker
75g Schokolade
100g gemahlene Haselnüsse
50g Kokosflocken
1 (gestrichenen) TL Zimt
1/2 Vanilleschote
2 Eiweiß

Zubereitungszeit: 15 Minuten (plus 1/4 Stunde Backzeit)

Zubereitung

1. *Schokolade* im Wasserbad schmelzen und mit einem Mixer alle übrigen Zutaten hineinrühren. So lange rühren, bis eine weiche Creme entsteht.

2. Mit einem Löffel kleine Teighäufchen auf das mit Backpapier ausgelegte Backblech legen.

3. Bei 100°C knapp 15 Minuten backen, bis sich die Makronen fast fest anfühlen. Auf dem Backblech auskühlen lassen.

Der eigene Kräutergarten
– in Beeten und Töpfen

Kräuter sind nicht nur eine nützliche und geschmack-
gebende Kochzutat. Sie sind auch Augen-, Bienen- und
Insektenweide und Zierde für jeden Garten und Balkon.

Die Gartenbesitzer unter uns haben natürlich ganz
andere Möglichkeiten als die „Balkonier". Sie können
hübsche Kräuterecken, Rondelle und Spiralen oder, je
nach Größe der grünen Oase, einen richtigen Kräutergarten anlegen. Aber auch sie müssen einige Spielre-
geln befolgen. Nicht jedes Kraut ist für schattige Plätz-
chen geschaffen und so manches wird von zu viel
Sonne dahingerafft.

Es lohnt also, bevor man sich an das Säen und Anpflanzen begibt, sich bei Gärtnern oder in botanischen
Gärten zu erkundigen, welche Pflanzen für die jeweiligen Boden- und Klimaverhältnisse geeignet sind. Auch
Fachliteratur hilft weiter. Einige lesenswerte und praxis-
nahe Bücher haben wir für Sie in unseren Lesetipps auf
den Seiten 140 bis 142 herausgesucht.

Kräuter im Garten

▶ Die meisten Kräuter lieben windgeschützte Plätze. Bei der Wahl des Standortes sollte aber auch darauf geachtet werden, ob dieser auch vor Auto-Abgasen oder neugierigen Hunden und Katzen geschützt ist.

▶ Planen Sie als AnfängerIn erst ein einfaches Beet mit Schnittlauch, Petersilie, Majoran, Salbei, Zitronenmelisse, Minze, Rosmarin, Thymian, Liebstöckl oder Sauerampfer. Diese Gewürze reichen bereits aus, um Ihre Küche abwechslungsreich zu verfeinern.

▶ Auch schon ein kleines Beet von ein bis zwei Quadratmetern bietet genügend Platz, um ein Grundsortiment der wichtigsten Kräuter anzubauen.

▶ Praktisch und besonders empfehlenswert ist die Anlage des Kräuterbeetes in Küchennähe, so dass es auch bei Regen und Sturm schnell und möglichst fast trockenen Fußes erreicht werden kann.

▶ Beginnen Sie bei der Bepflanzung eines Kräuterbeetes immer mit den mehrjährigen Arten. Hohe Stauden kommen in den Hintergrund, niedrigwachsende nach vorn. So bekommen alle gleichmäßig Sonne und Sie kommen bei der Ernte leicht an alle heran. Stehen die einjährigen Pflanzen vorne, so können sie zum Jahresende leicht entfernt werden.

Kräuter in Kübeln und Töpfen

▶ Kaufen Sie erst je nach Ihren Platz-Möglichkeiten die Blumentöpfe, dann die Pflanzen. Denn nicht jedes Kraut braucht gleichviel Platz. So reicht für Schnittlauch, Bohnenkraut und Basilikum ein kleiner Topf, da sie nur 30-40 Zentimeter hoch werden. Für die drei zusammen reicht ein rechteckiger Kübel mit den Maßen 40x15x15cm.
Mehr Platz brauchen Pflanzen wie Kerbel, Pfefferminze oder Zitronenmelisse. Sie wachsen bis zu einem halben Meter hoch und fühlen sich (auch zu dritt) in Töpfen ab einer Größe 50x20x20cm wohl. Hübsch ist auch ein richtig großer „Kräuterkübel" für den Balkon. Hat er einen Durchmesser von über 40 Zentimetern, reicht auch eine Tiefe von 15cm. Hier kann man einen regelrechten kleinen Garten anpflanzen. Auch hier gehören die hochwachsenden Kräuter in den Hintergrund. Das erleichtert der Sonne das Durchkommen und Ihnen die Ernte.

▶ Beachten Sie beim Kauf auch den Standort der Kübelpflanzen. Ist es da besonders warm und sonnig, empfehlen sich helle, besonders weiße Pflanzengefäße, die die Wurzeln vor Überhitzung und Austrocknung schützen.

▶ Blumentöpfe sollten am Boden Löcher haben, um überschüssiges Wasser abfließen zu lassen. Damit

keine Feuchtigkeit in den Töpfen angestaut wird,
streuen Sie auf den Boden groben Sand oder Kies.
Darauf kommt möglichst hochwertige Pflanzenerde.

▶ Die meisten Kräuter können Sie in Gärtnereien als
Pflanze kaufen. Das ist einfacher als die Aussaat, die bis
spätestens Mai erfolgen muß. Bei vielen Kräutern ist
dann erst im nächsten Jahr mit einer Ernte zu rechnen.

▶ Schneiden Sie Anfang Frühling die Spitzen der Triebe
ab. Das fördert die Verzweigung der Pflanzen und er-
höht die Erträge an Blättern, Blüten und Samen.

▶ Da viele Gewürzkräuter aus warmen Klimazonen
stammen, können sie bei uns nicht draußen überwintern – weder im Garten noch auf dem Balkon. Dazu
gehören Petersilie, Sellerie und Knoblauch. Frost und
Kälte überstehen sie am besten in einem Topf auf der
Fensterbank. Auch Rosmarin sollte davor geschützt
werden, aber ebenso wie die oben genannten Kräuter
nicht zu viel Wärme abbekommen. Dauerpflanzen
wie Schnittlauch, Zitronenmelisse, Estragon, Liebstöckl sowie Minze können auch draußen überwintern. Ebenso die immergrünen Pflanzen Bohnenkraut,
Ysop, Lavendel, Salbei und Thymian. Erkundigen
Sie sich am besten schon beim Kauf, welche Pflanzen
nur einjährig leben und welche in der Kalten Jahreszeit spezielle Pflege brauchen.

Gewürz- & Heilkräuter

Unsere ortsansässigen Vorfahren haben uns wenig Fassbares und gut Lesbares hinterlassen – nur prähistorische Relikte. Der Schrift unkundig ging viel von ihrem Wissen in den Wirren der Völkerwanderungen und anderer Katastrophen verloren. Wäre nicht der "Ötzi" im Eis gestorben und konserviert worden, hätten wir wahrscheinlich immer noch keine Ahnung, daß einige von ihnen gerne mal zu Drogen gegriffen haben. Sei es zur Heilung oder allein um des besseren Gefühls willens. (Ötzi hatte unter anderem einen Pilz bei sich, der in der Lage war, seinen Geist um einige Halluzinationen zu bereichern.)

Über die frühen Chinesen, Inder, Ägypter, Griechen und Römer wissen wir mehr. Auf Pergament, Papyrus oder Ton und Stein haben sie ihre Geschichte und ihr Wissen festgehalten. Dadurch ist uns bekannt, was sie von Krankheiten und deren Heilung wußten - seit 3400 vor der christlichen Zeitrechnung.

Die Arzneien kamen alle aus der Natur – chinesische Rezeptsammlungen enthalten Ginseng, Kampfer, Rhabarber, ägyptische Schriften Mitteilungen über Meerzwiebeln, Rettich, Knoblauch und Zwiebeln, israelitische Dokumente über Ysop, Zichorie und Löwenzahn... Allesamt Heilkräuter und -wurzeln, deren medizinische Wirksamkeit beeindruckend ist und die heute wieder im Mittelpunkt des Interesses stehen.

Die Verdrängung der Pflanzenarzneien aus dem Mittelpunkt der Heilkunde ist gar nicht so alt, wie die meisten glauben. Die arabische Schulmedizin, die Konkurrentin der Volksmedizin und Pflanzenheilkunde, hat erst seit dem 19. Jahrhundert eine Vormachtstellung. Bis dahin griffen viele Ärzte auf Pflanzen, aber auch auf Therapien wie Aderlass und Abführmittel zurück. Bis in die dreißiger Jahre dieses Jahrhunderts waren sogar 90 Prozent der verwendeten Arzneien pflanzlichen Ursprungs. Erst nach dem zweiten Weltkrieg nahmen die Mittel aus chemisch pharmazeutischen Labors stark zu.

Die Voraussetzungen für diese Entwicklung wurden bereits 100 Jahre zuvor gelegt. Im 19. Jahrhundert isolierten europäische Wissenschaftler erstmals Inhaltsstoffe wie Morphium aus dem Schlafmohn und Salicinsäure aus der Silberweide – die Vorläufer weltweit bekannter Drogen und des Bestsellers Aspirin.

Parallel erforschten einige Wissenschaftler Mikroorganismen, von denen sie annahmen, dass sie Krankheiten auslösten. Die Befunde waren positiv: Es wurden Krankheitserreger erkannt, die für schwere Epidemien von Cholera bis Tuberkulose verantwortlich waren.

Das nächstliegende Ziel war nun, Mittel gegen diese gefährlichen Mikroorganismen zu finden und sie zu vernichten. Das Penicillin wurde im Kampf zwischen Organismus und Krankheiten eingesetzt. Bald schien es nur noch eine Frage der Zeit, bis die Wissenschaft auf jede medizinische Herausforderung mit dem passenden Mittel kontern konnte. Die Schulmedizin und ihr Credo, dass praktisch jede Krankheit auf das Konto von Mikroorganismen geht, war unaufhaltsam auf dem Vormarsch.

Fortan wurde das jahrtausende alte traditionelle Wissen ignoriert, das sensibler und differenzierter diagnostizierte und auch andere Faktoren wie Allgemeinzustand und -befinden der Kranken berücksichtigte.

Der unkritische Fortschritts- und Wissenschaftsglaube hatte und hat immer noch Folgen. Nachdem die Schulmedizin in den westlich industrialisierten Ländern eine Monopolstellung hat, treten Fehlschläge auf, die den Glauben an sie erschüttern können: Das Allheilmittel Penicillin versagt immer häufiger seinen Dienst, ebenso wie einige Anti-Biotika-Mittel.

Andere Medikamente wirken zwar, haben aber gravierende Nebenwirkungen (Contergan, Kortison). Erschreckend ist auch die Beobachtung, daß zwar Infektionskrankheiten zurückgehen, die Menschen aber insgesamt nicht „gesünder" sind.

Milliarden werden von den reichen Industrienationen ausgegeben, um der hochtechnisierten und -spezialisierten Gesundheitsfürsorge nachzukommen. Dennoch sind chronische Krankheiten weiter auf dem Vormarsch.

Auf dem Vormarsch ist glücklicherweise auch ein Umdenken. „Das Kurieren am Symptom" ist bereits zum geflügelten Wort für Oberflächlichkeit und Wirkungslosigkeit des Handelns geworden – nicht nur in der Medizin. Ein neues Bewusstsein – Mensch und Natur betreffend – setzt sich durch und parallel dazu das Interesse an alternativen Heilmethoden, die diese Ganzheitlichkeit eher berücksichtigen.

Einen Sympathie-Bonus kann die Pflanzenheilkunde – auch Phytomedizin genannt – verbuchen. Sie blickt nicht nur auf eine lange Tradition zurück, die den (Wieder-) Einstieg erleichtert, sondern trifft mit ihrem holistischen Ansatz den Zeitgeist.

Sie geht davon aus, dass Krankheiten nicht ausschließlich durch Keime hervorgerufen werden, sondern bezieht den physischen und psychischen Zustand der Patienten in die Diagnostik und Therapie mit ein.

Gesunde Ernährung, körperliche Fitness und seelische Ausgeglichenheit gelten als wichtige Voraussetzungen für die Gesundheit. Im Falle einer Erkrankung kommen Heilmittel aus der Apotheke der Natur zum Zug, von denen man erkannt hat, daß sie – ganz im Gegensatz zu den Medikamenten aus dem Labor – mehr sind, als die Summe ihrer Inhaltsstoffe. Wie bei den Menschen auch setzt sich ihre Wirkung aus vielen Faktoren zusammen und ergibt sich erst aus deren komplexem Zusammenspiel.

Die Wirkstoffgruppen, die bei der Heilung die wichtigste Rolle spielen, sind identisch mit denen, die die Pflanzen für uns auch zu Gewürzen machen: Pflanzenstoffe wie ätherische Öle, Bitter-, Scharf- und Gerbstoffe. Hinzu kommen dann noch Schleimstoffe, Flavonoide, Anthranoide und Saponine. (Soweit unser heutiges Wissen!)

Noch sind wir nicht in der Lage, alle Stoffe zu identifizieren, die zur Wirkung und Heilung beitragen.
Dazu bestehen Pflanzen aus zu vielen Substanzen, die
wir nicht alle isolieren und bestimmen können - und
es wohl auch nicht müssen.

Überzeugender für den Einsatz natürlicher Medizin
sind doch letztendlich folgende Argumente: Pflanzen
tragen zu unserer Gesundheit bei und viele von ihnen
schmecken ausgezeichnet. Und so kommt es, daß die
altbewährte Pfefferminze gegen Kopfschmerzen oder
Zimt gegen Heiserkeit und Kreislaufschwächen gar keine
bittere Medizin, sondern allseits beliebtes Gewürz ist.

Wir haben für Sie einiges von dieser leckeren "Medizin" gesammelt. Die Rezepte und Tipps für kleinere
Malheurs von Erkältungen bis Menstruationsbeschwer-
den haben nicht den Anspruch, ärztlichen Rat zu ersetzen. Sie sollen einfach nur zu Wohlbefinden und
Entspannung beitragen.

Mit Heilkräutern gegen...

...kleinere Übel vorzugehen bietet viele Vorzüge: Richtig dosiert kommt es zu keinen unerwünschten Nebenwirkungen, die Zubereitung der Tees, Bäder oder Tinkturen läßt uns aktiver an der eigenen Gesundung teilhaben als die Einnahme verordneter Pillen, von deren Inhaltsstoffen wir so gut wie nichts verstehen. Gegen viele Beschwerden ist das richtige Kraut gewachsen. Probieren Sie es mal aus, mit Heilkräutern gegen...

...Erkältungskrankheiten

Schnupfen und Grippe werden durch Kleinstlebewesen (Viren, Bakterien) verursacht, die vor allem dann zuschlagen, wenn unser Immunsystem geschwächt ist. Stress, Überarbeitung, falsche Ernährung tragen einiges zur Erkrankung bei. Beim Auftreten der ersten Symptome – Triefnase, Hals- und Gliederschmerzen, leichtes Fieber – sollte also auch darauf geachtet werden: Entspannen, viel frisches Obst und Gemüse essen sowie fett- und zuckerhaltige Lebensmittel eher meiden.

Mit Salbei gegen Halsschmerzen
1 Handvoll Salbeiblätter
600 ml Wasser

Die Blätter mit heißem Wasser übergießen, abkühlen lassen und abseihen. Mit dem Tee häufig gurgeln.
Salbei hilft gegen Entzündungen aller Art, von Darm-, Hals- bis hin zu Zahnfleischentzündungen.

Mit Ingwer gegen Fieber und Übelkeit

2–3 Scheiben frischen Ingwer
1 Tasse Wasser

Ingwer mit Wasser überbrühen und 5 Minuten ziehen lassen. Bis zu 5 Tassen täglich trinken

Ingwer erwärmt stark und wirkt schweißtreibend, so dass das Fieber gesenkt wird.

Mit Zitrone und Zimt gegen Husten

Saft einer Zitrone
1/2 TL gemahlenen Zimt

Zitronensaft mit Honig und Zimt würzen. Am besten vor dem Schlafengehen trinken.

Zitrone enthält viel Vitamin C und bringt das Immunsystem auf Trab.
Zimt wirkt schweißtreibend und lindert Entzündungen und hilft ebenso wie der Honig gegen Reizhusten.

Weitere hilfreiche und bewährte Kräuter

Nelken, Cayennepfeffer, Schafgarbe, Holunder, Wermut, Enzian, Meerrettich, Kapuzinerkresse, Lindenblüten, Anis, Fenchel, Kamille

...Anspannung und Nervosität

Sie treten seltener als Folge einer Erkrankung auf, sondern sind eher die Ursache für solche. Leider gibt es immer wieder gute Gründe, wieso wir nicht aus- und entspannen können. Die Natur versucht, uns hier auf die Sprünge zu helfen.

Mit Lavendel gegen Nervosität
2–3 TL getrocknete Lavendelblüten

¼ l Wasser

Lavendel 5–10 Minuten ziehen lassen und abseihen.
Eventuell mit etwas Honig süßen.
oder: 1–4 Tropfen reines ätherisches Lavendelöl auf ein Stückchen Würfelzucker geben und schlucken.

Lavendel wirkt beruhigend auf Leib und Seele.
Es hilft bei Einschlafschwierigkeiten, nervösem Magen,
Darmbeschwerden, Kopfschmerzen und Schwindel.
Äußerlich angewandt wirken die ätherischen Öle
durchblutungsfördernd.

Beruhigungsbad mit Melisse
5 Handvoll frische Melissenblätter
(= 15 TL getrocknete)
ins Vollbad geben

Melisse wirkt beruhigend, krampflösend, antibakteriell und verdauungsfördernd. Auch als Tee oder Aufguß (2-3 TL auf 1/4 l Wasser und 5-10 Minuten abgedeckt ziehen lassen).

Baldrian - der Beruhigungs-Klassiker
2 TL-Baldrianwurzeln
1 Tasse Wasser

Baldrian 5 Minuten ziehen lassen. Sie können ruhig (und dann immer ruhiger...) täglich mehrere Tassen trinken.

Baldrian hat sich als Beruhigungsmittel bei Angst- und Spannungszuständen bewährt. Seine Valepotriate wirken zusammen mit dem ätherischen Öl stark beruhigend ohne einzuschläfern, und das auch noch sehr schnell. Das macht Baldrian zum idealen Beruhigungsmittel in akuten Stresssituationen wie Prüfungen.

Weitere hilfreiche und bewährte Kräuter
Passionsblumen, Johanniskraut, Ginsengwurzel

...Magenprobleme

Verdauungsbeschwerden können viele Ursachen haben
– Fehlernährung, Stress, Infektionen. Und wenn
Schluckbeschwerden, starke Schmerzen oder gar blutiges Erbrechen hinzukommen, dann ist damit nicht
zu Spaßen. Nur bei kleinerem Zwicken und Zwacken
kann selbst kuriert werden.

Mit Fenchel gegen Magenkrämpfe
1/2 TL Fenchelsamen
1 Tasse Wasser

Fenchelsamen mit heißem Wasser überbrühen und
abgedeckt 5-10 Minuten ziehen lassen.
Täglich 5 Tassen trinken.

Fenchel wird als schleimlösendes Mittel bei Husten
und Erkältungskrankheiten eingesetzt. Bewiesen ist
auch seine krampflösende und blähungslösende Wirkung, insbesondere bei Kleinkindern und Säuglingen.

Mit Leinsamen gegen Verstopfung
1 EL Leinsamen

150 ml Wasser

Zwei- bis dreimal täglich einen möglichst geschroteten Esslöffel nehmen und mit viel Wasser hinterherspülen.

Leinsamen ist ein mildes Abführmittel bei chronischer Verstopfung. Bei leichten Magen- und Darmschleim- hautentzündungen hilft oft Leinensamenschleim – 2–3 EL geschroteter Leinsamen in 400 ml Wasser kochen.

Weitere hilfreiche und bewährte Kräuter

▶ **bei Appetitlosigkeit:** *Enzianwurzel, Schafgarben- kraut, Isländisch Moos, Orangenschale, Tausendgüldenkraut, Wermutkraut, Zwiebel*

▶ **bei Verdauungsbeschwerden:** *s.o. plus ätherische Öle aus Anis, Kümmel, Salbei, Wacholderbeeren*

▶ **bei Entzündungen:** *Eibischwurzel, Kamillenblüten*

   ▶ **bei nervösem Magen:** *Kamillenblüten, Lavendelblüten, Melissenblätter*

▶ **bei Krämpfen:** *Gänsefingerkraut, Kamillenblüten, Kümmel, Pfefferminzblätter, Schafgarbenkraut*

   ▶ **bei Durchfall:** *Blutwurz, Gänsefingerkraut, Heidelbeeren, Grüner und Schwarzer Tee*

   ▶ **bei Verstopfung:** *Aloe, Rhabarberwurzel, Sennesblätter und -früchte*

▶ **bei Darmträgheit:** *Flohsamen, Tamarindenmus*

...Hautkrankheiten

Auf die Widerstands- und Regenerationsfähigkeit der
Haut wirkt, neben der äußerlichen Pflege, auch die
Gesundheit des ganzen Organismus. Während kleinere
Hautverletzungen rasch auf eine Behandlung anspre-
chen, müssen bei schweren oder chronischen Haut-
erkrankungen - wie Ekzemen - Fachärzte hinzugezogen
werden.

Mit Hamamelis gegen Entzündungen der Haut
Hamameliswasser
(Wasserdampfdestillat aus der Apotheke)
unverdünnt auf die verletzte Haut auftragen
(als Umschlag oder Spülung).

Hamamelisblätter oder *-rinde* wirken aufgrund des
Gerbstoffgehalts belebend, entzündungshemmend und,
lokal angewendet, sogar blutstillend und leicht desinfizierend.

Mit Teebaumöl gegen leichte Akne
1–2 Tropfen Teebaumöl

auf die entzündeten Stellen auftragen.

Teebaumöl ist in Deutschland nur als Kosmetik- und nicht als Arzneimittel zugelassen. Dementsprechend existieren hier kaum Studien zur Wirksamkeit. In Australien, der Heimat des Teebaums, wurde die antiseptische Wirksamkeit nachgewiesen. (Und gerade hier auf die Herkunft des Öls aus Bio-Anbau achten.)

Mit Kamillenblüten gegen Hautreizungen
1 EL frische Kamillenblüten

150 ml Wasser

Kamillenblüten mit heißem Wasser überbrühen und abgedeckt 5-10 Minuten ziehen lassen. Mehrmals täglich die betroffenen Hautstellen damit spülen oder als Umschlag auflegen.

Kamille wirkt äußerlich wie innerlich angewendet entzündungshemmend und krampflösend.
Hinweis: Im Gegensatz zur Pollenallergie kommen Kontaktallergien mit echter Kamille äußerst selten vor.

Weitere hilfreiche und bewährte Kräuter
Johanniskraut, Ringelblumenblüten, Arnikablüten, Beinwellwurzeln

...Frauenleiden

„Kräuterhexen" wurden von der christlichen Inquisition auch deswegen so stark verfolgt, weil sie Kräuter und Mittel kannten, die die Verhütung erleichterten und den Hormonhaushalt beeinflussen. Mönchspfeffer beispielsweise enthält Wirkstoffe, die dem Östrogen und Progesteron ähneln und wie diese den Menstruationszyklus beeinflussen. Bestimmte Kräuterarzneien eignen sich daher hervorragend, um die typisch weiblichen Beschwerden – von Menstruationschmerzen bis zu Problemen in den Wechseljahren – zu lindern.

Rosmarinbad gegen Menstruationskrämpfe und -müdigkeit

50g Rosmarinblätter

1 l Wasser

Die Blätter kurz aufkochen, nach etwa 15 Minuten abseihen und zu dem Badewasser geben.

Rosmarin wirkt äußerlich angewendet schmerzstillend – auch gegen Muskel- und Gelenkschmerzen. Ein Rosmarinbad wirkt erfrischend und kreislaufanregend und sollte daher nicht abends genommen werden.

Mit Kamille gegen Krämpfe

Als Umschlag: Ein Tuch in Kamillenblütenaufguss (siehe Seite 113) tränken und noch warm auf den Bauch legen. Das entspannt und löst die Krämpfe.

Mit Kamille und Pfefferminz gegen Schwindel und Übelkeit

1 TL Kamillenblüten
1 TL Pfefferminzblätter
1 Tasse Wasser

Tee zubereiten und dreimal täglich trinken. Das hilft zu entspannen, erfrischt und beseitigt Schwindelgefühle.

Pfefferminze wirkt magenberuhigend und hilft auch bei Kopfschmerzen und Erkältungen.
Kamille siehe Seite 113.

Weitere hilfreiche und bewährte Kräuter

Frauenmantel, Ringelblume, Kümmel, Rosmarin, Basilikum, Johanniskraut, Brennessel

...Schmerzen

Sie sind ein verläßlicher Indikator dafür, daß etwas
mit unserem Organismus nicht stimmt und sollten immer ernst genommen werden. Nur bei kleineren Zip-
perlein, deren Ursachen man kennt, wie leichten Kopfschmerzen nach einem anstrengenden Tag, sollte man
sich schnell selbst helfen. Neben der angeratenen Entspannung und leichter gemüse- und obsthaltiger Kost,
die dem Körper bei der Regeneration helfen, kann man
auch mit Kräuterbädern und -tees einiges bewirken.

Mit Gewürznelken gegen Kopfschmerzen

Hildegard von Bingen empfiehlt bei Kopfschmerzen
Gewürznelken. Das Kauen von zwei bis drei Nelken soll
helfen, den Kopf wieder frei zu bekommen.

Hinweis: Wenn Sie Kopfschmerzen haben, testen
Sie mal den Verzicht auf Schokolade oder Käse. Diese
stehen bei einigen im Verdacht, Auslöser für Kopfschmerzen zu sein.

Mit Lavendel entspannen und Schmerzen lindern

Massieren Sie Lavendelöl auf die betroffenen Stellen
(z.B. bei Kopfschmerzen auf die Schläfen). Auch ein
Bad mit ein paar Tropfen ätherischen Öls entspannt
und lindert die Schmerzen.

Mit Rosmarin gegen Migräne
1 TL Rosmarinblätter

1 Tasse Wasser

Überbrühen sie die Blätter und lassen sie den Aufguss zugedeckt 10–15 Minuten ziehen. Trinken Sie täglich bis zu fünf Tassen.

Rosmarin hilft bei Gelenk- und Muskelschmerzen. Effektiv ist das Einreiben der schmerzenden Stellen mit ätherischem Rosmarinöl.
(Rosmarin als Badeszusatz siehe Seite 114.)

Mit Pfefferminze gegen Sportverletzungen
Wenn Fußballer am Feldrand nach heftigen Tritten und Kniffen behandelt werden – dann meist mit einem Alkohol-Mentholspray. Das Menthol hilft, die Verletzungen zu kühlen und hat eine leicht anästhesierende Wirkung. Am besten wirkt das Massieren der betroffenen Stellen mit dem ätherischen Öl der Pfefferminze, dazu Arnikaöl oder -salbe, damit die Schwellung zurückgeht.

Kräuter zur Stärkung des Immunsystems

Grundsätzlich ist ein gesundes Leben mit viel Bewegung, Spaß und einer ausgewogenen (Vollwert-) Ernährung der beste Schutz vor Krankheiten. Dennoch kann unsere innere Abwehr gegen Krankheitserreger, Stress und Müdigkeit ab und an mal nachlassen. Um sie zu unterstützen, können wir einiges tun:

Mit Echinacea die Abwehr stärken

Echinacea (Sonnenhut) finden Sie im Handel (in Apotheken, Bioläden und Reformhäusern) als alkoholischen Auszug und als Salben. Nachgewiesen ist die Steigerung der Abwehrkräfte durch die Einnahme dieses Krautes sowie die antivirale und keimhemmende Wirkung. Dennoch sollten die Präparate nur kurzzeitig und vorbeugend genommen werden, wenn man die Schwächung des Körpers kommen fühlt. Die anregende Wirkung auf das Immunsystem hält nicht dauerhaft vor.

Mit Brennessel den Eisenhaushalt stärken

Die Brennesselsuppe von Seite 78 unterstützt die Eisenverwertung im Körper. Eisen ist von hohem Gesundheitsnutzen: es ermöglicht den Transport der Blutgase (Sauerstoff, Kohlendioxid) und ist auch an Entgiftungsreaktionen des Körpers beteiligt. Die besten Nahrungsquellen, aus denen Sie Eisen aufnehmen, sind Fleisch, Hülsenfrüchte, Sojaprodukte, Sesam, Aprikosen, Spinat.

Mit Grünem Tee gesund bleiben

Der nicht fermentierte und daher Grüne und nicht
Schwarze Tee verdankt diesem Umstand nicht nur seine Farbe, sondern auch seine Heilkraft. Mehr wertvolle Inhaltsstoffe, vor allem Vitamin-B, bleiben ebenso
erhalten wie die Saponine und Flavonoide. Diese Pflanzenstoffe machen aus dem Grünen Tee ein wahres
Lebenselixier: Er wirkt entzündungshemmend und blut-
bildend, betätigt sich als Radikalenfänger und unterstützt dadurch den Organismus im Kampf gegen
aggressive Substanzen.

Mit Knoblauch gegen Viren

Diese kleine Zwiebel gilt in China seit 4000 Jahren
als Heilmittel und Jungbrunnen. Jetzt greift es auch die
europäische Wissenschaft auf: Studien beweisen, dass
Knoblauch keimhemmend, verdauungsfördernd, gefäss-
erweiternd und blutdrucksenkend wirkt.

In Zeiten besonderer Infektionsgefahren leistet er
dem Immunsystem also gute Dienste. Will man mit
der kleinen Knolle eine im Anmarsch befindliche Er-
kältung angehen, muss man dann aber täglich eine
mittelgroße Zehe (nicht Knolle!) frischen Knoblauch
essen. Das ist in Zeiten der menschengefüllten Groß-
raumbüros und empfindlichen Nasen leider nicht jedem gegeben...

Die wichtigsten Gewürze
Geschmack, Verwendung und Gesundheitswert

Ajowan oder auch **Ajwain** (Trachyspermum ammi, Samen) schmeckt nach Thymian, ist sehr scharf, passt zu Fisch, dunklem Fleisch, Hülsenfrüchten, Käse; Gesundheitswert: regt den Appetit und die Verdauung an

Angelika (Angelica archangelica, Wurzel) schmeckt aromatisch-bitter, passt zu Süßspeisen, Bitterlikören; Gesundheitswert: appetit- und verdauungsanregend, nervenstärkend

Anis (Pimpinella anisum, Samen) schmeckt süß-würzig, leicht scharf, passt zu Süßspeisen, Likör; Gesundheitswert: verdauungsfördernd, antirheumatisch

Asant (Ferula assa-foetida, getrockneter Milchsaft) schmeckt ähnlich wie Knoblauch, passt zu Hülsenfrüchten, Fleisch, Gemüse; Gesundheitswert: beruhigend, darmreinigend, krampflösend

Bärlauch (Allium ursinum, frische Blätter) schmeckt würzig scharf, leichte Knoblauchnote, passt zu Salaten, Quark, Kräuterbutter; Gesundheitswert: regt die Verdauung an, senkt den Blutdruck, desinfizierend

Basilikum (Ocimum basilicum, Blätter) schmeckt frisch, würzig, passt zu Tomaten, Fisch, Kräutersaucen, Pasteten, Salaten; Gesundheitswert: stärkt Verdauung und Nerven, beruhigt die Atemwege

Beifuß (Artemisia vulgaris, Blütenrispen) schmeckt leicht bitter, passt zu gebratenem Fleisch; Gesundheitswert: appetitanregend, fördert die Fettverdauung

Beinwell (Symphytum officinale, frische Blätter, Blütensprossen) schmeckt aromatisch, frisch, passt zu Käse, Gemüse, Suppen, Wild; Gesundheitswert: blutreinigend, fördert Wundheilungen

Bockshornklee (Trigonella foenum graecum, Blätter und Samen) schmeckt bitterlich-würzig, passt zu Curry-gerichten, Quark und Joghurt; Gesundheitswert: appetitanregend, blutzucker-senkend

Bohnenkraut (Satureja hortensis, S. montana, Blätter) schmeckt scharf, passt zu Bohnengerichten, Ragouts, Lamm; Gesundheitswert: bekämpft Entzündungen

Borretsch (Borago officinalis, frische Blätter und Blüten) schmeckt nach Gurke, passt zu Salaten, Kräutersaucen; Gesundheitswert: blutreinigend, abführend

Brennessel (Urticaceae, Blätter) schmeckt aromatisch, spinatähnlich, passt zu Suppen, Kräutersaucen, Gemüse, Omelettes, Tee; Gesundheitswert: Eisen-spender, blutreinigend

Brunnenkresse (Nasturtium officinalis, N. microphyllum, frische Triebspitzen) schmeckt säuerlich-scharf, passt zu Salat, Kräuterbutter, Quark und Joghurt; Gesundheitswert: appetitanregend, blutreinigend

Chili (Capsicum frutescens, Früchte) sehr scharf, passt zu allem Pikanten; Gesund-heitswert: verdauungsfördernd, regt den Kreislauf an

Dill (Anethum graveolens, frische Blätter, Blütendolden, Samen) schmeckt mild, frisch, passt zu Saucen, Salaten, Fisch, Gurken; Gesundheitswert: verdauungsanregend, milchbildend, beruhigend

Estragon (Artemisia dracunculus, Sproßspitzen) schmeckt herb-bitter, passt zu Geflügel, Fisch, Ome-lettes, Saucen, Salaten; Gesundheitswert: magenstärkend, krampflösend

Engelwurz siehe Angelika

Fenchel (Foeniculum vulgare, Früchte, frische Blätter, Samen) schmeckt süßlich-scharf, Samen passen zu Gebäck, Tee, die Blätter zu Fisch, Salaten, Kräuteressig; Gesundheitswert: magenstärkend, krampflösend, bekämpft Husten, Blähungen, atem-erfrischend, milchbildend

Gänseblümchen (Bellis Perennis, Blätter, Blüten, Knospen) schmecken süßlich und leicht bitter, passen zu Salaten, Kapern, Getränken, Tees; Gesundheitswert: lindert Krämpfe, hilft bei Wundheilungen

Galgant (Alpinia officinarum, A. galanga, Wurzel) schmeckt herb und scharf, passt zu asiatischen Gerichten mit Fleisch und Gemüse, zu Lebkuchen, Magenbittern; Gesundheitswert: magenstärkend, verdauungsfördernd, antibakteriell

Gewürznelke (Syzygium aromaticum, Blütenknospen) schmeckt scharf, aromatisch, passt zu Braten, Rotkohl, Obstkompotten, Rumtopf, süßem Gebäck, Glühwein, Tees, Likör; Gesundheitswert: desinfizierend, beruhigend, verdauungsfördernd

Giersch (Aegopodium podagraria, Blätter und Früchte) schmeckt mild-würzig, erinnert leicht an frische Möhren, passt zu Salaten, Gemüse, Suppen, Kräutersaucen, Quark, Kräuterbutter, Erfrischungsgetränken; Gesundheitswert: lindert äußerlich angewendet Schmerzen, innerlich: harntreibend, unterstützt den Heilungsprozeß

Hopfen (Humulus lupulus, Hopfenzapfen) schmeckt leicht bitter, passt zu Bier, Kräuterbitter, Tee; Gesundheitswert: beruhigend, appetitanregend

Ingwer (Zingiber officinalis, Wurzel) schmeckt nach Zitrone, nur süßlicher, passt zu Fisch und Meerestieren, Currygerichten, Geflügel, eingelegtem Gemüse, Obst, süßem Gebäck; Gesundheitswert: erwärmt, fördert die Verdauung, bekämpft Erkältungen und Übelkeit

Kakao (Theobroma cacao, fermentierte und geröstete Samen) schmeckt herb, bitter, schokoladig, passt zu Schokolade – fest und flüssig, süßem Gebäck, Desserts; Gesundheitswert: nervenanregend, harntreibend

Kapern (Capparis spinosa, Blütenknospen) schmecken herb, passen zu Fleisch, Eiern, Salaten, Käse; Gesundheitswert: appetitanregend, verdauungsfördernd

Kapuzinerkresse (Tropaeolum majus, frische Blätter, Blütenknospen, Blüten) schmeckt ähnlich wie die Gartenkresse, scharfwürzig, passt zu Salaten, Quark, Kräuterbutter; Gesundheitswert: appetitanregend, antibiotisch, verdauungs- und hustenberuhigend

Kardamom (Elettaria cardamomum, Samen) schmeckt süßlich-bitter, eukalyptusähnlich, passt zu Currygerichten, Fleisch, Obst, süßem Gebäck, Kaffee, Tee, Likör; Gesundheitswert: stärkt Magen und Verdauung, erfrischt den Atem

Kerbel (Anthriscus cerefolium, Blätter) schmeckt mild nach Anis, passt zu Suppen, Omelettes, Salaten, Kräuterbutter, Quark; Gesundheitswert: appetitanregend, blutreinigend, gallen- und harntreibend, beruhigt Hustenreize

Knoblauch (Allium sativum, Knollen) schmeckt scharf, aromatisch, passt zu allem Pikantem; Gesundheitswert: antibiotisch, blutreinigend, senkt den Blutdruck, beugt Arterienverkalkung vor

Koriander (Coriandrum sativum, Samen und frische Blätter) die Samen schmecken mild, das Kraut scharf und herb, Samen passen zu Currygerichten, Fisch, Fleisch, pikantem Gebäck und Lebkuchen, die Blätter passen zu asiatischen und mittelamerikanischen Gerichten; Gesundheitswert: regt den Appetit an, bekämpft Entzündungen und Blähungen

Kresse (Lepidium sativum, frische Blätter) schmeckt pikant und scharf, passt zu Salaten, kalten Gerichten, Käse und Quark; Gesundheitswert: appetitanregend, blutreinigend, antibiotisch, Vitamin-C-Spender

Kreuzkümmel (Cumimun cyminum, Samen) schmeckt süßlich-scharf, passt zu Currygerichten, eingelegtem Gemüse, Würzölen; Gesundheitswert: regt den Appetit an, löst Blähungen

Kümmel (Carum carvi, Samen und frische Blätter) die Samen schmecken herzhaft und scharf, die Blätter mild-würzig, die Samen passen zu fetten Gerichten mit Fleisch, Suppen, Kartoffeln, Kraut, pikantem Gebäck, die Blätter passen zu Suppen, Quarkspeisen, Salaten; Gesundheitswert: löst Krämpfe der Verdauungsorgane, Blähungen

Kurkuma (Curcuma longa, Wurzel) schmeckt bitter, erdig, passt zu Curry- und Grillgerichten, Suppen; Gesundheitswert: magenfreundlich

Lavendel (Lavendula angustifolia, Blätter, Blütenknospen) die Blätter schmecken bitter, die Knospen leicht bitter und parfümiert, beide passen zu Fleisch, Fisch, Oliven, Käse, Tee; Gesundheitswert: beruhigend, entzündungshemmend

Liebstöckl (Levisticum officinalis, Blätter, Wurzel, Samen) schmeckt intensiv nach „Maggi", passt zu Suppen, Brühen, Eintöpfen; Gesundheitswert: regt Appetit und Verdauung an

Lorbeer (Laurus nobilis, Blätter) schmeckt leicht bitter und aromatisch, passt zu Braten, Brühen, Suppen, Eintöpfen, in Würzölen und -essig; Gesundheitswert: entzündungshemmend, schweißtreibend

Majoran (Origanum majorana, Blätter und Blütenknospen) schmeckt herb, leicht bitter, passt zu Hülsenfrüchten, Fleisch; Gesundheitswert: regt Appetit und Verdauung an

Meerrettich (Armoracia rusticana, frische Wurzel) schmeckt scharf, passt zu Fisch, Fleisch, eingelegtem Gemüse; Gesundheitswert: desinfiziert, wirkt bei Bronchialleiden

Minzen (Menthae, Blätter) schmecken frisch, würzig, kühl, passen zu Fleisch, Fisch Salaten, Süßspeisen, Tee; Gesundheitswert: entzündungshemmend, verdauungsfördernd

Mohn (Papaver somniferum, reife Samen) schmeckt süßlich, passt zu Fleisch, Gemüse, Käse, Gebäck; Gesundheitswert: die öligen Samen sind sehr nahrhaft

Muskat (Myristica fragrans, Samen und Samenmantel) schmeckt etwas bitter und scharf, passt zu Fleisch, Aufläufen, Meerestieren, Lebkuchen; Gesundheitswert: beruhigt Magen und Nerven, lindert Erkältungsbeschwerden

Oregano (Origanum vulgare, Blätter) schmeckt herb-bitter, passt zu Grillgerichten, Pizza, Tomaten, Hülsenfrüchten; Gesundheitswert: lindert Husten

Paprika (Capsicum annuum, Früchte) schmeckt süßlich, leicht scharf, passt zu allen pikanten Gerichten; Gesundheitswert: regt Appetit an, bekämpft Brechreiz und Durchfall

Petersilie (Petroselinum crispum, P. tuberosum, Blätter und Wurzeln) die Blätter schmecken herb, die Wurzeln süßlich, beide passen zu pikanten Speisen, Saucen, Suppen, Eintöpfen; Gesundheitswert: regen Appetit an, reinigen Blut

Pfeffer (Piper nigrum, Früchte) schmeckt scharf, passt zu allen pikanten Gerichten; Gesundheitswert: verdauungsfördernd, erwärmend

Piment (Pimenta dioica, Früchte) schmeckt leicht nach Pfeffer und Nelke, passt zu Wild, Fisch, Weihnachtsgebäck; Gesundheitswert: fördert die Verdauung

Pimpinelle (Sanguisorba minor, Blätter) schmeckt nach Gurken, etwas herber, passt zu Salaten, Quark und Joghurt; Gesundheitswert: appetitanregend, wundheilend, entzündungshemmend

Rauke (Eruca vesicaria oder sativa, frische Blätter, Samen) beide schmecken nach Kresse, passen zu Salaten, Saucen, Quark und Joghurt; Gesundheitswert: antibakteriell, fördert die Fettverdauung

Rosmarin (Rosmarinus officinalis, Blätter) schmeckt bitter, nach Kampfer, passt zu Fleisch, Fisch, Tomaten, Käse; Gesundheitswert: stärkt Magen und Nerven, belebt den Kreislauf, beruhigt

Safran (Crocus sativus, Blütennarben) schmeckt nach „bitterer Medizin", passt zu Reis- und Nudelgerichten, süßem Gebäck; Gesundheitswert: beruhigt

Salbei (Salvia officinalis, Blätter) schmeckt herb, bitter, passt zu Braten, Käse; Gesundheitswert: desinfizierend, wundheilend

Sauerampfer (Rumex acetosa, frische Blätter) schmeckt sauer, herb, passt zu Suppen, Salaten, Quark und Joghurt; Gesundheitswert: blutreinigend, abführend

Schalotten (Allium ascalonicum, Zwiebel) schmecken „zwiebelig", nur feiner, passen zu pikanten Gerichten; Gesundheitswert: antibiotisch, abführend

Schnittlauch (Allium schoenoprasum, frische Blätter) schmeckt scharf, nach Zwiebeln, passt zu allen pikanten Gerichten Gesundheitswert: antiseptisch, abführend, Vitamin-C-Spender

Schwarzkümmel (Nigella sativa, Samen) schmeckt scharf, passt zu pikantem Gebäck; Gesundheitswert: regt die Verdauung an

Schwarzwurz siehe Beinwell

Sellerie (Apium graveleons, Blätter, Knolle, Samen) schmecken alle sehr würzig mit einer süßen Note, passen zu Fleisch, Eintöpfen, die Knollen auch als Salat; Gesundheitswert: blutreinigend, belebt

Senf (Sinapis alba, Brassica juncea, B. nigra, Samen) schmecken scharf und würzig, passt zu Fleisch, Fisch; Gesundheitswert: regt Appetit an, antibakteriell, fördert die Durchblutung

Sesam (Sesamum indicum, Samen) schmeckt nussig, passt zu pikanten und süßen Gerichten; Gesundheitswert: die öligen Samen sind sehr nahrhaft

Sternanis (Illicum verum, Früchte) schmeckt nach Anis, passt zu asiatischen Gerichten, Obstkompott, Lebkuchen und Likör; Gesundheitswert: hilft der Verdauung und gegen Husten und Krämpfe

Süßholz (Glycyrrhiza glabra, wurzel) schmeckt süßlich nach Lakritz, passt zu Tees, Gebäck, Süßspeisen; Gesundheitswert: blutreinigend, hustenlindernd, verdauungsfördernd

Tamarinde (Tamarindus indicus, Fruchtmark) schmeckt herb, fruchtig, passt zu Currygerichten, asiatischen Saucen und Gerichten, Erfrischungs- getränken; Gesundheitswert: abführend

Thymian (Thymus vulgaris, Blätter) schmeckt etwas bitter-würzig, passt zu Fleisch, Fisch, Käse, Kräuterölen und -essig; Gesundheitswert: desinfizierend, regt den Appetit an, lindert Krämpfe und Hustenreiz

Vanille (Vanilla planifolia, fermentierte Samenkapsel) schmeckt süß-würzig, passt zu allen Süßspeisen, Likör; Gesundheitswert: appetitanregend

Wacholder (Juniperus com- munis, Früchte) schmeckt süßlich, leicht harzig, passt zu Wild, Fisch, Sauerkraut, Schnaps; Gesundheitswert: appetitanregend, blutreinigend

Waldmeister (Asperula odo- rata, Blätter) mild-aromatisch, leicht bitter, passt zu Bowlen; Gesundheitswert: beruhigend, blutreinigend

Weinraute (Ruta graveleons, Blätter) schmeckt bitter, leicht nach Wein, passt zu Braten und Käse; Gesund- heitswert: löst Krämpfe, beruhigt

Wermut (Artemisia absinthi- um, Blätter) schmeckt bitter, passt zu Braten, Wein, Magenbitter; Gesundheits- wert: desinfizierend, hilft der Verdauung

Ysop (Hyssopus officinalis, Blätter) schmeckt süßlich, mit einer bitteren Note, passt zu Ragouts, Fleisch, Fisch, Kräutersaucen, Tee, Wein, Likör; Gesundheitswert: regt den Appetit an, lindert Atem- wegserkrankungen

Zimt (Cinnamomum verum, C. cassia, fermentierte Rinde) schmeckt süßlich- herb, passt zu Süßspeisen, Obst, Glühwein, Tee, Kaffee, Likör aber auch zu pikanten Gerichten wie Currygerichten

Zitronenmelisse (Melissa officinalis, Blätter) schmeckt frisch, zitronenähnlich, passt zu Fisch, Kräutersaucen, Tee, Wein; Gesundheitswert: löst Krämpfe, beruhigt

Verbände aus dem Bio-Bereich

AGÖL Arbeitsgemeinschaft Ökologischer Landbau
Brandschneise 1, 64295 Darmstadt
Telefon (06155) 2081, Fax (06155) 2083
Hier erfahren Sie die Adressen der wichtigsten
Bio-Verbände.

BNN Bundesverband Naturkost Naturwaren
Robert-Bosch-Str. 6, 50354 Hürth-Efferen
Telefon (02233) 9633833, Fax (02233) 9633830

Gewürz- und Kräuterproduzenten im BNN
(einige bieten nur Kräutersalz oder Brühen an)

Bio Vita GmbH, Walter-von-Selve-Str. 2, 31789 Hameln. Telefon (05151) 45387, Fax (05151) 44913

Bruno Fischer Naturkost GmbH. Im Auel 88, 53783
Eitorf. Telefon (02243) 8500, Fax (02243) 81809

Davert Mühle Rainer Welke GmbH
Aschebergerstr. 2, 48308 Senden.
Telefon (02598) 690, Fax (02598) 6923

De Rit Naturfeinkost GmbH. Empeler Str. 87, 46459
Rees. Telefon (02851) 1007, Fax (02851) 3450

Erntesegen-Naturkost Schittek & Co. KG
Otto-Nagler-Str. 16, 97074 Würzburg
Telefon (0931) 884704, Fax (0931) 884786

Herbaria–Kräuterparadies GmbH
Westerbergstr. 2, 83727 Schliersee
Telefon (08026) 40-51/-52, Fax (08026) 6918

Heuschrecke GmbH
Krefelder Str. 18, 50670 Köln
Telefon (0221) 728085, Fax (0221) 7393783

Lebensbaum, U. Walter GmbH
Postfach 1269, 49342 Diepholz
Telefon (05441) 9856-0, Fax (05441) 9856-22

Naturata eG
Postfach 1262, 97922 Lauda
Telefon (09343) 62090, Fax (09343) 620949

Rapunzel Naturkost AG
Haldergasse 9, 87764 Legau
Telefon (08330) 910143, Fax (08330) 910149

Viana Naturkost GmbH
Willi-Graf-Str. 88, 53881 Euskirchen
Telefon (02251) 94460, Fax (02251) 944625

Öffentliche Heilpflanzengärten

Apothekengarten im Botanischen Garten
Dr. Ziegenspeck-Weg 10, 86161 Augsburg

Gift- und Heilkräutergarten
Teufelsseechaussee 22, 14193 Berlin

Kräuterfarm Paracelsus
57567 Daaden, Telefon (02743) 2047

Museumsgarten Duderstadt
Stadtverwaltung, 37115 Duderstadt

Kloster-Kräutergarten
88709 Meersburg, Telefon (07532) 6057

Kloster-Kräutergarten
78479 Insel Reichenau, Telefon (07534) 276

Verbraucher-Organisationen

AGV Arbeitsgemeinschaft der Verbraucherverbände e.V.
Heilsbachstraße 20, 53123 Bonn
Telefon (0228) 64890, Fax (0228) 644258
AGV Broschürendienst, Postfach 1116, 59930 Olsberg

Die Verbraucher Initiative e.V.
Breite Straße 51, 53111 Bonn
Telefon (0228) 7263393, Fax (0228) 7263399

TransFair Verein zur Förderung des Fairen Handels
mit der „Dritten Welt" e.V.
Remigius Straße 21, 50937 Köln
Telefon (0221) 9420400, Fax (0221) 94204040

UGB Verband unabhängiger Gesundheitsberater
Keppler Str. 1, 33390 Gießen
Telefon (0641) 77785

Zeitschriften

BUNDmagazin
Im Rheingarten 7, 53225 Bonn
Telefon (0228) 40097-57, Fax (0228) 40097-40

Öko-Test
Postfach 900766, 60447 Frankfurt
Telefon (069) 977770, Fax (069) 97777139

Schrot & Korn
Am Eichwald 24, 64850 Schaafheim
Telefon (06073) 74820, Fax (06073) 748299

Infoangebote zu Naturkost – Bezugsquellen, Rezepte,
Warenkunde, Produktbeschreibungen und vieles mehr:
http://www.naturkost.de

AGÖF Arbeitsgemeinschaft ökologischer Forschungs-
institute http://www.agoef.com

aid Auswertungs- und Informationsdienst für
Ernährung, Landwirtschaft und Forsten e.V.
http://www.dainet.de/aid/aid.htm

ANOG e.V. – http://www.bonet.de/ANOG

AOGS Online Grower and Supplier
http://www.gardenweb.com/aogs

Biopark - http://www.biopark.de

BNN Bundesverband Naturkost Naturwaren
http://www.naturkost.de
und: www.oekoproduzenten.de

Botanischer Garten der Uni Göttingen
http://www.UNI-Goettingen.DE/FB/BIO/BotGarten

BUND für Umwelt und Naturschutz Deutschland e.V.
http://www.bund.net

DGE Deutsche Gesellschaft für Ernährung
http://www.dainet.de/dge/index.htm

Gardennet
http://www.olympus.net/gardens/welcome.html

Gardenweb – http://www.gardenweb.com

Initiative zum Verbot genmanipulierter Nahrung –
http://www.netlink.de/gen

Naturland – http://www.naturland.de

Naturschutzbund Deutschland – http://www.nabu.de

Öko-Test – http://www.oekotest.de

TransGen – http://www.transgen.de

The Seed Guild – http://www.gardenweb.com/seedgd

Verbraucher-Initiative
http://www.umwelt.de/initiative/verbraucher

„Gewürze aus aller Welt in Garten und Küche"
Vom Anbau bis zur Lagerung, von Aromastoffen der
Gewürze bis hin zu Rezepten für Gewürzmischungen,
Würzpulver, -saucen und -pasten finden Sie in diesem
Buch solide Infos und viel Wissenswertes.
Brigitte Beutner, ISBN 3-8001-6899-5
Eugen Ulmer Verlag, Stuttgart, 128 Seiten, 16,80 DM

„Das Gewürz-Kochbuch"
Dieses Buch beschreibt Geschichte, Herkunft und
Verwendung der bekanntesten Gewürze. Mit Bildern,
Tipps und Informationen rund um die Welt der Ge-
würze. Phantasievolle Rezepte zeigen, wie vielfältig
und herrlich lecker Gewürze in der Küche eingesetzt
werden können.
Pia Gruber, ISBN 3-85502-558-4
AT Verlag, Aarau, Stuttgart, 172 Seiten, 36,00 DM

„Feine Kräuterküche"
In diesem kleinen Büchlein finden sich hauptsächlich
Rezepte zu Gerichten mit Basilikum bis zu Zitronen-
gras und -melisse. Die kurzen Infos zu den Kräutern
stehen eher im Hintergrund.
Anne Wilson, ISBN 3-89508-404-2
Könemann Verlag, Köln, 64 Seiten, 2,95 DM

„Das große Kräuterkochbuch"

Die Autorin und erfahrene Ernährungswissenschaft-
lerin hat hier vielseitige Rezepte, praktische Kräuter-
kunde und Gesundheitstipps aufgeschrieben. Mit den
Hintergrundinformationen ist dieses Buch ideal für
Menschen, die gerne kochen und genießen und gleich-
zeitig auf ihre Gesundheit achten.
Heike Knopius, ISBN 3-7787-3728-7
Ludwig Verlag, München, 144 Seiten, 29,90 DM

„Das große Buch der Gewürze"

Ein praktischer und prächtig bebilderter Führer durch
die Vielfalt und den Reichtum von Gewürzen und Gewürzmischungen aus aller Welt. Verlockende Rezepte
laden zum Entdecken und Genießen der Aromen ein.
Jill Norman, ISBN 3-85502-395-6,
AT Verlag, Aarau, Stuttgart, 160 Seiten, 59,90 DM

„Heilende Gewürzküche"

Hier werden mehr als 30 Gewürze und ihre heilende
Wirkung vorgestellt. Zahlreiche Rezepte für Tees,
gesunde Hauptspeisen und Desserts aber auch Tipps
zum Selbstanbau von Gewürzen des Biologen und
Sportmediziners Zittlau regen zum Nachkochen und
Heilen an.
Dr. Jörg Zittlau, ISBN 3-7787-3665-5
Ludwig Verlag, München, 176 Seiten, 29,90 DM

„Delikatessen am Wegesrand" und
„Un-Kräuter zum Genießen"
stellen Wildkräuter von Giersch bis Vogelmiere vor,
die nicht nur an Wald- und Wiesenrändern hübsch
aussehen, sondern im Kochtopf richtig gut schmecken.
Wissenwertes, Anekdoten, Gesundheitstipps aus der
Volksmedizin und viele Rezepte wecken die Lust an
deren Genuß.
Brigitte Klemme & Dirk Holtermann,
ISBN 3-7919-0616-X und 3-7919-0672-0.
136 und 148 S., je 18,00 DM

„Feurig & Scharf"
Für alle, die es heiß und pikant mögen, wurde dieses
Buch geschrieben. Sie finden hier raffinierte Rezept-
ideen mit Chili, Pfeffer, Paprika, Praktisches für den
Umgang mit den scharfen Exoten und Beschreibungen
um die Auswirkungen auf Leib und Seele.
Barbara Rias-Bucher, ISBN 3-517-07733–X
Südwest Verlag, München, 160 Seiten, 29,90 DM

„Gewürze und Kräuter"
Die Ernährungswissenschaftlerin beschreibt hier
30 Einzelgewürze – von Anis über Bockshornklee bis
Kurkuma und Zimt –, führt deren Aromastoffe und
Wirkungen auf und gibt zu jedem Gewürz auch Anre-
gungen zu Zubereitungen, Einkauf und Lagerung.
Petra Kühne, ISBN 3-922290-60-4, 112 Seiten,
19,80DM

„Kochen mit ätherischen Ölen"
Für alle die es eilig haben und frische Kräuter und
Gewürze weder erst Schneiden, Waschen, Kleinhacken
oder Zerstoßen wollen gibt es eine Alternative:
ätherische Öle.
Monika Werner, ISBN 3-7742-2960-0
Gräfe und Unzer, München, 64 Seiten, 12,90 DM

„Aromaküche im Rhythmus der Jahreszeiten"
Dieses Buch folgt mit seinen Rezepten den Jahres-
zeiten und gibt Tipps, wie ätherische Öle das Aroma
der frischen Kräuter ergänzen und verfeinern können.
Maria Kettenring, ISBN 3-85502-583-5
AT Verlag Aarau, Stuttgart, 144 Seiten, 38,00 DM

„Hausgemacht"
Ob Marmeladen, Konfitüren oder süßsauer eingelegte
Früchte, in Öl eingelegter Käse, selbstgemachte Aromaöle und Kräuteressige – in diesem Buch finden Sie
traditionelle und moderne Methoden der Herstellung
und Konservierung von hausgemachten Köstlichkeiten,
die sich alle in der eigenen Küche herstellen lassen.
Erika Casparek-Türkkan, Petra Casparek
ISBN 3-7787-3693-0, Ludwig Verlag, München
320 Seiten, 39,90 DM

„Konservierung natürlich und gesund"
Wie man Obst, Gemüse und Kräuter über den Winter
bringt – getrocknet, tiefgefroren oder eingemacht –
verrät dieser praktische Ratgeber.
ISBN 3-923176-38-4, pala-verlag, Darmstadt
128 Seiten, 12,80 DM

„Heiltees"
Dieser Tee-Ratgeber informiert über heilende und
belebende Kräuter-, Fitness-, Wohlfühl- und Schönheits-
Tees aus aller Welt. Praktisch sind vor allem die vielen
Rezepte und Adressen von Teelieferanten.
Sylvia Schneider, ISBN 3-576-11205-7, Mosaik Verlag,
München, 96 Seiten, 12,90 DM

„Heilen mit der Natur"
Homöopathie, Kräuter- und Pflanzenheilkunde,
Aromatherapie, Heilmittel aus Blütenextrakten sowie
Vitamin- und Ernährungstherapien gegen Alltagsbe-
schwerden werden hier ausführlich und mit vielen
praktischen Tipps vorgestellt.
Karen Sullivan, ISBN 3-576-11166-2
Mosaik Verlag, München, 256 Seiten, 59,90 DM

„Kleines Heilkräuter-Lexikon"

...ist das Standardwerk über die wichtigsten Heilkräuter für die Selbstmedikation, mit Anwendungsgebieten und Dosierungsangaben. Von A wie Aloe bis Z wie Zwiebel werden hier die Pflanzen in farbigen Bildern sowie ihrem volkstümlichen Namen und ihren Wirkungen für jedermann verständlich beschrieben.
Prof. Dr. Heinz Schlicher (Freie Universität Berlin)
ISBN 3-7750-0316-9, Hädecke Verlag, Weil der Stadt,
223 Seiten, 19,80 DM

„Die BLV Enzyklopädie der Heilpflanzen"

Sorgfältig und detailliert werden hier über 500 Heilpflanzen vorgestellt – ihr Aussehen, ihre Inhaltsstoffe, therapeutische Eigenschaften und Verwendung.
Im Praxisteil finden Sie schrittweise Anleitungen für die Herstellung wirksamer Kräuterarzneien zur Behandlung von alltäglichen Beschwerden.
Andrew Chevalier, ISBN 3-405-15457-X
BLV-Verlag, München, 336 Seiten, 78,00 DM

„Dumont's große Kräuterenzyklopädie"
Mit Informationen zu mehr als 1000 Wildkräutern
und Züchtungen aus der ganzen Welt ist dieses Buch
ein ausgezeichnetes Nachschlagewerk, wenn Fragen zu
Bestimmung, Anbau, Blütezeit, Ernte, Verwendung
und Gesundheitswert aufkommen.
Dumont Buchverlag, ISBN 3-7701-4607-7
424 Seiten, 39,90 DM

Ratgeber für Kräutergärten

„Kräuter für die Gesundheit"
Richtet sich an zukünftige Kräuterhexen, die über einen
Balkon oder Garten verfügen. Hier werden 34 attrak-
tive Topfbepflanzungen mit Kräutern gegen häufige Be-
schwerden, deren Pflege, Ernte und therapeutischer
Nutzen vorgestellt.
Effie Romain, Sue Hawkey, ISBN 3-440-07249-5
Franckh-Kosmos-Verlag, Stuttgart, 96 Seiten, 19,80 DM

„Gewürz- und Heilkräuter"
Neben den Geschichten um Herkunft und Kultur der
Heil- und Gewürzkräuter gibt dieses Buch konkrete
Anregungen und Tipps zur Planung, Anlage und Pflege
eines Kräutergartens. Selbst Informationen zur Be-
handlung von Pflanzenkrankheiten und -schädlingen
fehlen hier nicht.
Rolf Callauch, ISBN 3-8001-6627-5,
Eugen Ulmer Verlag, München, aus der Reihe
„Kennen & Pflegen", 128 Seiten, 29,80 DM

„Aromapflanzen"
In der Reihe „Ulmers Gartenschule" erschien jetzt
auch das Buch zu den bekanntesten aromatischen
Pflanzen: zu klassischen Gewürzen für die Küche,
Teekräutern fürs Wohlbefinden sowie Exoten und
Raritäten, die überraschende Geschmacks- und De-
korationseffekte ermöglichen. Wie und wo diese am
besten gedeihen und was Sie gärtnerisch dazu
beitragen können, wird ausführlich und auch für
AnfängerInnen verständlich beschrieben.
Edouard Lebleu, ISBN 3-8001-6652-6
Eugen Ulmer Verlag, München, 64 Seiten, 19,80 DM

„Bastelspaß in Heinzelmännchens Kräutergarten"
Anregungen für pfiffiges Gartenzubehör, Geschenke
und originelle Dekorationen – von der Kräuterspirale
über die Vogelfutterstelle bis zum Kräuter-Duftsäck-
chen werden anschaulich illustriert und nachvollziehbar
beschrieben. Ein Spaß für Groß und Klein.
Heidi Grund-Thorpe & Natascha Sanwald
ISBN 3-517-07624-4, Südwest-Verlag München
32 Seiten, 9,90 DM

„Tipps für den Bio-Einkauf

**„Das Alternative Branchenbuch 1999 –
natürlich, konsequent, ökologisch"**
Das Buch für umweltbewußtes Einkaufen. Mit über
20.000 Bezugsquellen aus den Bereichen Lebensmittel
aus kontrolliert biologischem Anbau, biologische Bau-
stoffe, alternative Medizin und sanfte Technologien.
ISBN 3-925646-24-8, Altop-Verlag, München
496 Seiten, 10,00 DM

„Einkaufen direkt beim Bio-Bauern"
Dieser Öko-Ratgeber bietet eine ausführliche
Adressenliste von direktvermarktenden Bio-Höfen.
Verbraucherinitiative und Stiftung Ökologie & Landbau
ISBN 3-930720-84-1, Deukalion Verlag, Holm
410 Seiten, 24,00 DM

Glossar